Barbara und Hans Hug (Hrsg.)

Blätter

die uns durch das Jahr begleiten

Ein immerwährender Kalender
mit 365 Geschichten

Kreuz Verlag

4 5 6 7 97 96 95 94

Alle Grafiken von Hans Hug
Satz: Steffen Hahn GmbH, Kornwestheim
Gestaltung: Hans Hug
Druck und Bindung: Franz Spiegel Buch GmbH, Ulm
ISBN 3 7831 1208 7

Januar

Seine Blätter bleiben grün

Gesegnet ist der Mensch,
der sich auf Gott verläßt
und dessen Zuversicht der Herr ist.
Der ist wie ein Baum, am Wasser gepflanzt,
der seine Wurzeln zum Bach hinstreckt.
Denn obgleich die Hitze kommt,
fürchtet er sich doch nicht,
sondern seine Blätter bleiben grün;
und er sorgt sich nicht,
wenn ein dürres Jahr kommt,
sondern bringt ohne Aufhören Früchte.

Jeremia 17, 7.8, Luther-Übersetzung

1. Januar

Die Spur

Ein Mann hatte einen Traum.

Er träumte, daß er mit Gott an einem Strand entlang spazierenginge. Am Himmel zogen Szenen aus seinem Leben vorbei, und für jede Szene waren Spuren im Sand zu sehen.

Der Mann bemerkte manchmal zwei Spuren und manchmal nur eine Spur. Er bemerkte weiter, daß sich zu Zeiten größerer Not nur eine Spur zeigte. Deshalb fragte er den Herrn: »Herr, ich habe bemerkt, daß zu den traurigsten Zeiten meines Lebens nur eine Spur zu sehen ist. Du hast mir aber versprochen, stets bei mir zu sein. Ich verstehe nicht, warum du mich da, wo ich dich am nötigsten brauchte, allein gelassen hast!« Da antwortete ihm Gott: »Mein Freund, in den Tagen, in denen du am meisten gelitten hast, mich am nötigsten gebraucht hast, da, wo nur eine Spur im Sand zu sehen war, da habe ich dich getragen.«

Verfasser unbekannt

Die Frage, ob es einen Gott gibt

Einer fragte Herrn K., ob es einen Gott gäbe.

Herr K. sagte: »Ich rate dir nachzudenken, ob dein Verhalten, je nach der Antwort auf diese Frage, sich ändern würde. Würde es sich nicht ändern, dann können wir die Frage fallenlassen. Würde es sich ändern, dann kann ich dir wenigstens noch soweit behilflich sein, daß ich dir sage, du hast dich schon entschieden: Du brauchst einen Gott.«

Bertolt Brecht

3. Januar

Rückversicherung

Man erzählt von dem Weisen Schaqiq von Balch, daß er einst zu seinen Schülern sprach: »Ich setzte mein Vertrauen auf Gott und brach auf in die Wildnis mit nicht mehr als einer kleinen Münze in der Tasche. Ich ging auf die Pilgerschaft und kam zurück, und seht, ich habe die Münze noch immer.«

Einer der Schüler stand auf und sagte: »Wenn Ihr eine Münze in der Tasche hattet, wie könnt Ihr dann sagen, Ihr hättet Euch auf höhere Mächte verlassen?«

»Was soll ich da noch sagen«, antwortete Schaqiq. »Dieser junge Mann hat völlig recht: Wenn man sich auf die unsichtbare Welt verläßt, dann ist da kein Platz für irgendwelche Rückversicherungen, auch nicht für die kleinsten.«

Attar

4. Januar

Ohne Ballast

Ein Mensch war unterwegs zum Land seiner Sehnsucht. Es war eine lange und beschwerliche Reise. Endlich kam er an einen breiten Fluß. Er wußte: Drüben, am andern Ufer, liegt das Land der Herrlichkeit – und er konnte es kaum erwarten, hinüberzukommen.

Der Mensch fand einen Fährmann mit seinem Boot, der bereit war, ihn so schnell wie möglich überzusetzen. »Aber«, sagte er, »du mußt dein Gepäck hierlassen. Ich nehme nur die Menschen mit, ohne allen Ballast.« Der Reisende erschrak sehr, und es schien ihm unmöglich, alle die Dinge, die er angesammelt hatte, die er liebte, die er für lebensnotwendig hielt, die er auf seiner weiten Reise mühsam bis hierher geschleppt hatte, einfach abzulegen und am Ufer des Flusses zurückzulassen.

»Alles?« fragte der Mensch, hoffend, doch ein wenig von seiner Habe mitnehmen zu können. »Alles. Ich nehme nur dich mit, ohne dein Gepäck, oder du bleibst hier mit deinen Sachen. Entscheide dich«, antwortete ernst der Fährmann.

Alte Sage

5. Januar

Dem Stern nachgehen

Maria war noch im Stall und stillte das Kind, damit es unterwegs nicht weinte und sie verriet, während Josef mit dem bepackten Esel vor dem Haus stand und wartete.

Er war unruhig und lauschte ängstlich in die dunkle, mondlose Nacht. Würde es schon zu spät sein zur Flucht?

Er hatte Maria sofort geweckt, nachdem ihm der Engel im Traum den Befehl gegeben hatte, mit ihr und dem Kind nach Ägypten zu fliehen, und das wenige, das sie besaßen, war schnell zusammengepackt gewesen. Sie hatten keine Zeit verloren, außer den paar Minuten jetzt. Aber wie sollte es weitergehen? Josef wußte nicht Bescheid.

»Welcher Weg führt nach Ägypten? Welcher direkt den Feinden entgegen?« fragte er mutlos, als er Maria mit dem Kind auf den Esel half.

Sie schaute sich um, entdeckte am Himmel den hellen Stern, der die drei Weisen zu ihnen geführt hatte und nun weitergewandert war, und sagte voll Zuversicht, die auch auf Josef übersprang: »Wir wollen dem Stern nachgehen!« – So fanden sie den Weg.

Barbara Hug

flucht nach ägypten

nicht
ägypten
ist
fluchtpunkt
der flucht

das kind
wird gerettet
für härtere tage

fluchtpunkt
der flucht
ist
das kreuz

Kurt Marti

7. Januar

Unterwegs

Als ich gestern durch den Bahnhof ging, sah ich, abseits vom Getümmel, ein einsames Kind stehen. Ein Papier baumelte ihm auf der Brust, das seine Bestimmungsadresse enthielt.

Dieser Anblick erweckte etwas wie eine halbgläubige Zuversicht. Wir können ja alle den Zettel selbst nicht lesen, den das Geschick uns bei der Geburt umgehängt hat. Wir werden befördert, ohne die Richtung zu kennen, nach der es geht, wissen nicht, wann und wie die Reise zu Ende kommt.

Und doch lebt in uns ein Gefühl, dieses Hin-und-her-geschoben-Werden, dieses Fahren durch unbekanntes Land sei nicht so sinnlos, wie es unserem Kinderverstand oft vorkommen will.

Wir denken zurück, und es ist, als wären immer große, schwere Hände dagewesen, die wir bei jedem Umsteigen, an scharfen Kurven und bei ratternder Abwärtsfahrt verspürten.

Max Unold

Die Predigt

Franz von Assisi schlug eines Tages einem jungen Mönch vor, sie wollten in die Stadt gehen und dort den Leuten predigen. So machten sie sich auf den Weg nach Assisi, und sie gingen über die Straßen und über den Marktplatz und unterhielten sich dabei über ihre geistlichen Erfahrungen und Erkenntnisse.

Erst als sie wieder auf dem Weg nach Hause waren, rief der junge Mönch erschrocken aus: »Aber Vater, wir haben vergessen, den Leuten zu predigen!« Franz von Assisi legte lächelnd die Hand auf die Schulter des jungen Mannes. »Wir haben die ganze Zeit nichts anderes getan«, antwortete er. »Wir wurden beobachtet, und Teile unseres Gesprächs wurden mitgehört. Unsere Gesichter und unser Verhalten wurden gesehen. So haben wir gepredigt.«

Dann fügte er hinzu: »Merke dir, es hat keinen Sinn, zu gehen, um zu predigen, wenn wir nicht beim Gehen predigen.«

Legende

9. Januar

Nur für heute

Nur für heute werde ich mich bemühen,
den Tag zu erleben,
ohne das Problem meines Lebens
auf einmal lösen zu wollen.
Nur für heute werde ich etwas tun,
wozu ich eigentlich keine Lust habe.
Nur für heute werde ich mich vor zwei Übeln hüten:
vor der Hetze und der Unentschlossenheit.
Nur für heute werde ich glauben –
selbst, wenn die Umstände das Gegenteil zeigen sollten –,
daß Gott für mich da ist.
Ich will mich nicht entmutigen lassen
durch den Gedanken, ich müßte dies alles
mein ganzes Leben lang durchhalten.

Papst Johannes XXIII.

Schritt für Schritt

Der Straßenkehrer Beppo sagt:

»Manchmal hat man eine sehr lange Straße vor sich. Man denkt, die ist so schrecklich lang, das kann man niemals schaffen.

Aber man darf niemals die ganze Straße auf einmal denken. Man muß nur an den nächsten Schritt denken, an den nächsten Atemzug, an den nächsten Besenstrich.

Auf einmal merkt man, daß man Schritt für Schritt die ganze Straße gemacht hat. Man hat gar nicht gemerkt wie, und man ist nicht außer Puste.«

Michael Ende

11. Januar

Rastlos

Es lebte ein Mann, der war ein sehr tätiger Mann und konnte es nicht übers Herz bringen, eine Minute seines wichtigen Lebens ungenutzt vorüberzulassen.

Wenn er in der Stadt war, so plante er, in welchen Badeort er reisen werde. War er im Badeort, so beschloß er einen Ausflug nach Marienruh, wo man die berühmte Aussicht hat. Saß er dann auf Marienruh, so nahm er den Fahrplan her, um nachzusehen, wie man am schnellsten wieder zurückfahren könne.

Wenn er im Gasthof einen Hammelbraten verzehrte, studierte er während des Essens die Karte, was man nachher nehmen könne. Und während er den Wein hinuntergoß, dachte er, daß bei dieser Hitze ein Glas Bier wohl besser gewesen wäre.

So hatte er niemals etwas getan, sondern immer nur ein Nächstes vorbereitet. Und als er auf dem Sterbebett lag, wunderte er sich sehr, wie leer und zwecklos doch eigentlich dieses Leben gewesen sei.

Victor Aubertin

Dreiundfünfzig Minuten

»Guten Tag«, sagte der kleine Prinz. »Guten Tag«, sagte der Händler.

Er handelte mit höchst wirksamen, durststillenden Pillen. Man schluckt jede Woche eine, und spürt überhaupt kein Bedürfnis mehr, zu trinken.

»Warum verkaufst du das?« sagte der kleine Prinz. »Das ist eine große Zeitersparnis«, sagte der Händler. »Die Sachverständigen haben Berechnungen angestellt. Man erspart dreiundfünfzig Minuten in der Woche.

»Und was macht man mit diesen dreiundfünfzig Minuten?« »Man macht damit, was man will...«

»Wenn ich dreiundfünfzig Minuten übrig hätte«, sagte der kleine Prinz, »würde ich ganz gemächlich zu einem Brunnen laufen...«

Antoine de Saint-Exupéry

13. Januar

Unverkäuflich

Es hatte zwei Wochen lang geregnet. Dann öffnete sich der Himmel zum schönsten Tag, der sich denken läßt.

Die Bauarbeiten sollten fortgesetzt werden, aber der Tagelöhner fehlte.

Die Tochter des Baumeisters eilte zu seiner abseits gelegenen Hütte und fand ihn in der Sonne sitzen. Auf ihre Vorhaltungen erwiderte er: »Glauben Sie im Ernst, daß ich einen solchen Tag an Sie verkaufe?«

Verfasser unbekannt

Mit anderen Augen gesehen

Ein Südseehäuptling erzählt seinem Volk nach einer Europareise vom Leben des weißen Mannes:

Es gleicht vielfach einem Mann, der eine Bootsfahrt nach Savaii macht und der, kaum daß er am Ufer abstößt, denkt: »Wie lange mag ich wohl brauchen, bis ich nach Savaii komme?« Er denkt, sieht aber nicht die freundliche Landschaft, durch die seine Reise geht.

Bald schiebt sich am linken Ufer ein Bergrücken vor. Kaum daß sein Auge ihn sieht, so fragt er sich, was wohl hinter diesem Berg sein mag. Eine enge Bucht?

Er vergißt über solchem Denken, die Bootsgesänge der jungen Männer mitzusingen, er hört auch nicht die fröhlichen Scherze der jungen Frauen.

Kaum liegen Bergrücken und Bucht hinter ihm, plagt ihn der Gedanke, ob wohl bis zum Abend Sturm kommen werde. Er sucht am hellen Himmel nach finsteren Wolken. Er denkt immer an den Sturm, der wohl kommen könne. Der Sturm kommt nicht. Das Boot erreicht Savaii am Abend ohne Schaden.

Doch nun ist ihm, als ob er die Reise gar nicht

Liebe Leserin, lieber Leser,

Wir informieren Sie gerne über weitere Bücher und die Zeitschriften aus dem Kreuz Verlag. Schicken Sie einfach diese Karte ausgefüllt zurück. Übrigens: Wenn Sie gerade Zeit und Lust haben, beantworten Sie doch die nebenstehenden Fragen. Ihre Antworten würden uns helfen, unsere Arbeit effektiver zu machen und noch besser auf die Wünsche unserer Leser abzustimmen.
Herzlichen Dank!
Es grüßt Sie

Ihr
Kreuz Verlag

Dieter Breitsohl
Verleger

Hier meine Antworten:

Haben Sie dieses Buch
❏ gekauft ❏ geschenkt bekommen?
Sind Sie auf dieses Buch aufmerksam geworden durch
❏ Ihren Buchhändler ❏ Empfehlung
❏ Werbung; Besprechung in ❏ Funk ❏ TV
❏ Zeitung/Zeitschrift
Wie hat Ihnen dieses Buch gefallen?
❏ sehr gut ❏ geht so ❏ gar nicht
Kannten Sie den KREUZ Verlag bereits?
❏ ja ❏ nein
Welche Themen vermissen Sie bei KREUZ
❏ Familie, Eltern, Kinder
❏ Selbsterfahrung, Therapie
❏ Bibel und Gemeinde
❏ Postkarten, Poster, Bildbände ❏ Musik
❏ Kinder und Jugendbücher ❏ Umwelt, Natur
❏ Politik, Alltag ❏ Populäre Wissenschaft
❏ Management, Führung
Wo kaufen Sie Ihre Bücher?
❏ Bei meinem Buchhändler ❏ Bahnhofsbuchhandel ❏ Versandbuchhandel ❏ Kaufhaus
Wie viele Bücher kaufen Sie wohl pro Jahr?
❏ 1 bis 2 ❏ ca. fünf ❏ ca. zehn ❏ mehr
Verschenken Sie Bücher?
❏ ja ❏ nein
Welche Zeitschriften lesen Sie regelmäßig?

____

Verraten Sie uns Ihr Alter? __________ Jahre.

gemacht habe, denn immer waren seine Gedanken weit weg von seinem Leibe und außerhalb des Bootes. Er hätte ebensogut in seiner Hütte in Upolu bleiben können.

Nach Erich Scheurmann

Die verrinnende Zeit

Es ist gut,
wenn uns die verrinnende Zeit
nicht als etwas erscheint, das uns verbraucht,
sondern als etwas, das uns vollendet.

Antoine de Saint-Exupéry

16. Januar

Der Mönch zu Heisterbach

Es war einmal in einem Kloster ein junger Mönch namens Urbanus, dem war der Schlüssel zur Bücherei des Klosters anvertraut. Er hütete ihn sorglich und las viel in den Büchern und der Heiligen Schrift. In ihr fand er auch den Spruch: »Vor Gott sind tausend Jahre wie ein Tag.« Das schien dem jungen Mönch unmöglich. Er konnte es nicht glauben und quälte sich darüber mit schweren Zweifeln.

Eines Morgens, als der Mönch in den Klostergarten ging, saß da auf einem Ast ein kleiner bunter Vogel, der sang schön wie eine Nachtigall. Er war nicht scheu, sondern ließ den Mönch nahe an sich herankommen. Der hätte ihn gern gehascht, doch er entfloh von Ast zu Ast hinaus in den Wald.

Endlich kehrte der Mönch zurück ins Kloster. Aber es sah anders aus als zuvor, war größer geworden, und statt der kleinen Klosterkirche stand ein stolzes Münster da. An der Klosterpforte trat ihm ein unbekannter Pförtner entgegen, der erschrocken zurückwich. Auch die Brüder entsetzten sich, als sähen sie ein Gespenst. Er kannte keinen, auch nicht den Abt, der ihn ehrerbietig zu einem Stuhl führte, wie einen gebrechlichen Greis.

Alles schien dem Mönch sehr seltsam. Er gab einem jungen Mönch den Schlüssel zum Büchersaal. Der schloß auf und brachte ein altes Buch, in dem stand, daß der Mönch Urbanus mit dem Schlüssel vor dreihundert Jahren spurlos aus dem Kloster verschwunden sei.

»O Vöglein, war das dein Lied?« fragte der Fremdling. »Kaum drei Minuten folgte ich dir, und dreihundert Jahre vergingen seitdem. Du hast mir das Lied von der Ewigkeit gesungen, die ich nicht fassen konnte.«

Sprach's und starb.

Ludwig Bechstein nacherzählt

Morgen ist nicht wirklich

Ein japanischer Krieger wurde von seinen Feinden gefangengenommen und in eine Gefängniszelle geworfen. Er konnte nachts nicht schlafen, denn er war überzeugt, am nächsten Tag grausam gefoltert zu werden.

Dann fielen ihm die Worte seines Zen-Meisters ein: »Morgen ist nicht wirklich. Die einzige Wirklichkeit ist die Gegenwart.«

Also besann er sich auf die Gegenwart und fiel in tiefen Schlaf.

Anthony de Mello

18. Januar

Wenn ich stehe . . .

Ein in der Meditation erfahrener Mann wurde einmal gefragt, warum er trotz seiner vielen Beschäftigungen immer so gesammelt sein könne. Dieser sagte: »Wenn ich stehe, dann stehe ich, wenn ich gehe, dann gehe ich, wenn ich sitze, dann sitze ich, wenn ich esse, dann esse ich, wenn ich spreche, dann spreche ich . . .«

Da fielen ihm die Fragesteller ins Wort und sagten: »Das tun wir auch, aber was machst du noch darüber hinaus?«

Er sagte wiederum: »Wenn ich stehe, dann stehe ich, wenn ich gehe, dann gehe ich, wenn ich sitze, dann sitze ich, wenn ich esse, dann esse ich, wenn ich spreche, dann spreche ich . . .«

Wieder sagten die Leute: »Das tun wir auch.«

Er aber sagte zu ihnen: »Nein. Wenn ihr sitzt, dann steht ihr schon, wenn ihr steht, dann lauft ihr schon, wenn ihr lauft, dann seid ihr schon am Ziel . . . «

Ein Zen-Mönch

19. Januar

Nur einmal

Wir sollten stets eingedenk sein,
daß der heutige Tag nur einmal kommt
und nimmer wieder.
Aber wir wähnen, er komme wieder;
morgen ist jedoch ein anderer Tag,
der auch nur einmal kommt.

Arthur Schopenhauer

20. Januar

Der Bräutigam kommt

Zehn Mädchen gingen mit ihren Lampen hinaus, um den Bräutigam abzuholen. Fünf von ihnen handelten klug, die anderen gedankenlos. Die Gedankenlosen nahmen nur ihre Lampen mit, während die Klugen auch noch Öl zum Nachfüllen mitnahmen.

Weil der Bräutigam sich verspätete, wurden sie alle müde und schliefen ein. Mitten in der Nacht hörte man rufen: »Der Bräutigam kommt! Geht ihm entgegen!«

Die zehn Mädchen wachten auf und brachten ihre Lampen in Ordnung. Da baten die Gedankenlosen die anderen: »Gebt uns von eurem Öl etwas ab, denn unsere Lampen gehen aus.« Aber die Klugen sagten: »Ausgeschlossen. Dann reicht es weder für uns noch für euch. Geht lieber zum Kaufmann und holt euch welches.« So machten sie sich auf den Weg, um Öl zu kaufen.

Inzwischen kam der Bräutigam. Die fünf Klugen, die darauf vorbereitet waren, gingen mit ihm zum Hochzeitsfest, und die Türen wurden hinter ihnen geschlossen.

Schließlich kamen die anderen nach und riefen: »Herr, mach uns auf!« Aber der Bräutigam wies sie ab und sagte: »Ich kenne euch nicht!«

Matthäus 25, 1-12, Gute Nachricht

21. Januar

Warten auf die Seelen

Zu der Expedition gehörten zwei Europäer und acht Afrikaner. Die beiden ersten Tage waren sie mit Jeeps gefahren, dann sollte es zu Fuß weitergehen durch die Wildnis.

Der Fußmarsch verlief problemlos. An der vorgesehenen Stelle wurden die Zelte für die Nacht aufgebaut und sechs Uhr morgens als Abmarschzeit vereinbart.

Pünktlich waren die beiden Europäer bereit und warteten auf die afrikanischen Träger. Als sie nicht kamen, begaben sie sich zu deren Zelten und fanden dort die Männer still im Kreis sitzen.

»Was ist los?« fragte der eine Weiße unwillig. »Eilt euch. Wir sind schon zu spät!«

Da stand der Sprecher der Afrikaner auf und sagte: »Nein, Herr, wir können heute nicht weitergehen. Wir müssen auf unsere Seelen warten. Sie kamen nicht so schnell vorwärts in den letzten drei Tagen wie unsere Körper, und nun müssen wir warten, bis sie uns eingeholt haben.«

Verfasser unbekannt

Was machen wir damit?

Ein chinesischer Gelehrter kam nach Berlin. Sein deutscher Kollege erwartete ihn auf dem Bahnsteig. Von dort gingen sie zum Bahnhofsvorplatz. Als sie aus der Halle traten, stand der Bus schon an der Haltestelle gegenüber. Er mußte jeden Augenblick abfahren. Da ergriff der deutsche Professor die Hand des Chinesen: »Kommen Sie! Kommen Sie!« rief er ihm zu.

Die beiden hasteten über den Platz und erreichten gerade noch den Bus. Kaum waren sie drinnen, setzte er sich in Bewegung.

Aufatmend schaute der Deutsche auf die Uhr. »Gott sei Dank«, sagte er, »jetzt haben wir zehn Minuten gewonnen.« Der Chinese aber schaute ihn fragend an und meinte lächelnd: »Und was machen wir mit diesen zehn Minuten?«

Wladimir Lindenberg

Kürzung

Vor Beginn einer Rede an die Athener ging der Redner in Gedanken versunken hin und her.

»Du stellst wohl deine Rede zusammen?« fragte einer seiner Freunde.

»Nein«, erwiderte der Redner, »ich überlege, ob ich nicht einiges daraus streichen kann.«

Aus Griechenland

24. Januar

Keine Zeit

Eines Tages waren die Eltern mit der Schwester verreist. Die Siebenjährige mußte bei der Oma bleiben. Als sie aus der Schule kam und Mittag gegessen hatte, fragte Oma: »Soll ich dir ein Märchen erzählen?«

»Ich weiß nicht«, sagte das Kind zögernd.

Oma sagte: »Es ist ein spannendes Märchen, das du bestimmt noch nicht kennst.« – »Ich muß noch meine Hausaufgaben machen«, sagte das Kind. – »Gut, dann beeile dich damit.« – »Danach habe ich leider auch keine Zeit.« – »Warum denn nicht?« fragte Oma erstaunt. »Ich will dann im Fernsehen den Krimi für Kinder sehen.«

Jennifer Bottländer

25. Januar

Fortschritt?

Wenn meine Großmutter ihre Mutter besuchen wollte, brauchte sie dafür drei Tage: Einen Tag fuhr sie mit Bekannten in der Pferdekutsche hin, einen Tag blieb sie dort, erzählte und erfuhr das Neueste, half in der Küche oder im Garten. Am dritten Tag fuhr sie heim.

Wenn meine Mutter ihre Mutter besuchen wollte, brauchte sie dafür zwei Tage: Sie fuhr mit dem Zug. Wenn sie Glück hatte, bekam sie Anschluß. Sie erzählte und erfuhr das Neueste, übernachtete dort und fuhr am nächsten Tag zurück.

Wenn wir zu meiner Mutter fahren, brauchen wir dafür mit dem Auto eine halbe Stunde. Lange können wir aber nicht bleiben, denn die Kinder werden unruhig, und wir wollen ja noch die neue Standuhr abholen, und außerdem müssen wir noch unbedingt schnell die Papiere zum Steuerberater bringen.

Wenn mich meine Kinder besuchen wollen?

Verfasserin unbekannt

Es war einmal

»Erzähle uns eine Geschichte«, baten die Kinder den alten Märchenerzähler. Da fing er an: »Es war einmal ...«

»Halt! Halt!« riefen die Kinder. »Wir wollen nicht wissen, was war. Wir wollen wissen, was ist!«

»Dann müßt ihr eure Geschichten selber erleben«, sagte der alte Märchenerzähler.

Karlhans Frank

Das letzte Buch

Das Kind kam heute spät aus der Schule heim. »Wir waren im Museum«, sagte es. »Wir haben das letzte Buch gesehen.«

Unwillkürlich blickte ich auf die lange Wand unseres Wohnzimmers, die früher einmal mehrere Regale voller Bücher verdeckt haben, die aber jetzt leer ist und weiß getüncht, damit das neue plastische Fernsehen darauf erscheinen kann.

»Ja und«, sagte ich erschrocken, »was war das für ein Buch?« »Eben ein Buch«, sagte das Kind. »Es hat einen Deckel und einen Rücken und Seiten, die man umblättern kann.«

»Und was war darin gedruckt?« fragte ich. »Das kann ich doch nicht wissen«, sagte das Kind. »Wir durften es nicht anfassen. Es liegt unter Glas.« »Schade«, sagte ich.

Aber das Kind war schon weggesprungen, um an den Knöpfen des Fernsehapparates zu drehen. Die große weiße Wand fing an, sich zu beleben, sie zeigte eine Herde von Elefanten, die im Dschungel eine Furt durchquerten. Der trübe Fluß schmatzte, die eingeborenen Treiber schrien. Das Kind hockte auf dem Teppich und sah die riesigen Tiere mit Entzücken an. »Was kann da schon drinstehen«, murmelte es, »in so einem Buch.«

Marie Luise Kaschnitz

Legende vom modernen Menschen

Ein »moderner« Mensch verirrte sich in einer Wüste.

Die unbarmherzige Sonnenglut hatte ihn ausgedörrt. Da sah er in einiger Entfernung eine Oase. »Aha, eine Fata Morgana«, dachte er, »eine Luftspiegelung, die mich narrt. Denn in Wirklichkeit ist gar nichts da.«

Er näherte sich der Oase, aber sie verschwand nicht. Er sah immer deutlicher die Dattelpalmen, das Gras und vor allem die Quelle. »Natürlich eine Hungerphantasie, die mir mein halb wahnsinniges Gehirn vorgaukelt«, dachte er. »Jetzt höre ich sogar das Wasser sprudeln. Eine Gehör-Halluzination. Wie grausam die Natur ist . . . «

Kurze Zeit später fanden ihn zwei Beduinen – tot.

»Kannst du so etwas verstehen?« sagte der eine zum andern, »die Datteln wachsen ihm beinahe in den Mund. Und dicht neben der Quelle liegt er verhungert und verdurstet. Wie ist das möglich?«

Da antwortete der andere: »Er war ein moderner Mensch.«

Verfasser unbekannt

29. Januar

Die Sonnenuhr

Im Orient wollte einst ein König seinen Untertanen eine Freude bereiten und brachte ihnen, die keine Uhr kannten, von einer Reise eine Sonnenuhr mit.

Sein Geschenk veränderte das Leben der Menschen im Reich. Sie begannen die Tageszeiten zu unterscheiden und ihre Zeit einzuteilen. Sie wurden pünktlicher, ordentlicher, zuverlässiger und fleißiger und brachten es zu großem Reichtum und Wohlstand.

Als der König starb, überlegten sich die Untertanen, wie sie die Verdienste des Verstorbenen würdigen könnten. Und weil die Sonnenuhr das Symbol für die Gnade des Königs und die Ursache des Erfolgs der Bürger war, beschlossen sie, um die Sonnenuhr einen prachtvollen Tempel mit goldenem Kuppeldach zu bauen.

Doch als der Tempel vollendet war und die Kuppel sich über der Sonnenuhr wölbte, erreichten die Sonnenstrahlen die Uhr nicht mehr. Der Schatten, der den Bürgern die Zeit gezeigt hatte, war verschwunden, der gemeinsame Orientierungspunkt, die Sonnenuhr, verdeckt. Der eine Bürger war nicht mehr pünktlich, der andere nicht mehr zuverlässig, der dritte nicht mehr fleißig. Jeder ging seinen Weg. Das Königreich zerfiel.

Aus Persien

Es hat alles seine Zeit

Es hat alles seine Zeit,
und alles Tun unter dem Himmel hat seine Stunde.
Geborenwerden hat seine Zeit. Sterben hat seine Zeit.
Pflanzen hat seine Zeit, und Ausreißen hat seine Zeit,
Töten und Heilen, Einreißen und Bauen.
Weinen hat seine Zeit, und Lachen hat seine Zeit.
Klagen und Tanzen,
Steine wegwerfen und Steine sammeln,
Umarmen und Getrenntsein, Suchen und Verlieren,
Behalten und Wegwerfen, Zerreißen und Nähen.
Schweigen hat seine Zeit, und Reden hat seine Zeit,
Lieben und Hassen, Streit und Frieden.

Prediger 3, 1-8, Luther-Übersetzung

31. Januar

Februar

Der hartherzige Schuldner

Ein König wollte mit den Verwaltern seiner Güter abrechnen. Gleich zu Beginn brachte man ihm einen Mann, der ihm einen Millionenbetrag schuldete. Da er nicht zahlen konnte, befahl der Herr, seinen ganzen Besitz zu versteigern und ihn selbst, mit Frau und Kindern, in die Sklaverei zu verkaufen. Aber der Schuldner fiel auf die Knie und bat: »Hab doch Geduld mit mir! Ich will dir ja alles zurückzahlen!« Da bekam der Herr Mitleid; er gab ihn frei, und auch die Schuld erließ er ihm.

Kaum draußen, traf dieser Mann auf einen Kollegen, der ihm einen geringen Betrag schuldete. Den packte er an der Kehle, würgte ihn und sagte: »Gib zurück, was du mir schuldest!« Der Schuldner fiel auf die Knie und bettelte: »Hab Geduld mit mir! Ich will dir ja alles zurückzahlen!« Aber darauf wollte sein Gläubiger nicht eingehen, sondern ließ ihn sofort ins Gefängnis werfen, bis er alles bezahlt hätte.

Als das die anderen sahen, waren sie empört, liefen zu ihrem Herrn und erzählten ihm, was geschehen war. Er ließ den Mann kommen und sagte: »Was bist du für ein böser Mensch! Ich habe dir deine ganze Schuld erlassen, weil du mich darum gebeten hast. Hättest du nicht auch Erbarmen mit deinem Mitmenschen haben können, so wie ich es mit dir gehabt habe?« Dann übergab er ihn voller Zorn den Folterknechten zur Bestrafung, bis die ganze Schuld zurückgezahlt war.

Matthäus 18, 23-24, Gute Nachricht

Königlich

Alexander der Große fragte den König Poros, der nach einer erbitterten Schlacht in seine Gefangenschaft geraten war, wie er ihn behandeln solle.

»Königlich«, erwiderte dieser kurz. »Und was verlangst du noch?« wollte Alexander wissen. »Nichts mehr. Ich habe gesagt, was zu sagen ist.«

Voll Bewunderung über diese Haltung schenkte ihm Alexander die Freiheit und setzte ihn in seine frühere Würde ein.

Aus Griechenland

2. Februar

Die beiden Böcke

Auf einem schmalen Steg über einem reißenden, tiefen Waldbach begegnen sich zwei Böcke. Jeder will auf die andere Seite.

»Aus dem Weg!« ruft der eine Bock. »Ha!« lacht der andere, »ich war zuerst auf der Brücke!« – »Ich bin älter als du! Ich kann zuerst gehen!« – »Und ich bin stärker!«

Der Streit wird immer heftiger. Keiner will nachgeben. Beide senken die Köpfe, rasen aufeinander los. Es gibt einen heftigen Stoß. Beide verlieren das Gleichgewicht, fallen in den reißenden Strom – und können sich nur mühsam ans Land retten.

Alte Fabel

3. Februar

Der Hund im Spiegel

Ein Hund irrt in einem Raum herum, in dem alle Wände Spiegel sind. Überall sieht er plötzlich Hunde.

Er wird wütend, fletscht die Zähne und knurrt. Alle Hunde in den Spiegeln fletschen ebenfalls wütend die Zähne.

Der Hund erschrickt, fängt an, im Kreis herumzulaufen, so lange, bis er schließlich tot zusammenbricht.

Hätte er nur ein einziges Mal mit dem Schwanz gewedelt: Alle seine Spiegelbilder hätten mit dem Schwanz gewedelt und ihm ein freundliches Bild zurückgerufen.

Stephan Palos

Des Lebens Gesetz

Der kleine Karl und seine Mutter lebten hoch oben im Gebirge.

Eines Tages war der Bub recht unartig gewesen und wurde deshalb von seiner Mutter bestraft. Das verdroß den Schlingel so sehr, daß er zum Rand des Abgrundes lief und von dort aus seiner Mutter zurief: »Ich mag dich nicht! Ich mag dich nie mehr wieder!«

Getreulich kam aus den Bergen das Echo zurück: »Ich mag dich nicht! Ich mag dich nie mehr wieder!« Das erschreckte Karl so sehr, daß er weinend doch wieder zu seiner Mutter eilte.

»Wer ist der böse Mann da drüben, der mich nicht mag?« erkundigte er sich ganz verstört.

Die Mutter nahm ihren Buben an der Hand, führte in wieder an den Rand des Abgrunds und sagte zu ihm: »Ruf jetzt einmal: ›Ich liebe dich und werde dich immer lieben!‹« Und als Karl das befolgte, da kam das Echo klar und versöhnlich zurück.

»Siehst du, mein Kind«, erklärte ihm jetzt die Mutter, »so ist es im Leben: Was du gibst, bekommst du wieder.«

Maria Schöppl

5. Februar

Sonne und Wind

Einst stritten sich Sonne und Wind, wer von ihnen der Stärkere sei. Sie wurden einig: der solle dafür gelten, der einen Wanderer, den sie eben vor sich sahen, am ersten nötigen würde, seinen Mantel abzulegen.

Sogleich begann der Wind zu stürmen. Regen und Hagelschauer unterstützten ihn. Der arme Wanderer jammerte und zagte und wickelte sich immer fester und fester in seinen Mantel ein.

Jetzt kam die Reihe an die Sonne. Senkrecht und kraftvoll ließ sie ihre Strahlen herabfallen. Himmel und Erde wurden heiter; die Lüfte erwärmten sich. Der Wanderer mochte den Mantel nicht länger auf seinen Schultern dulden, er warf ihn ab und erquickte sich im Schatten eines Baumes, indes die Sonne sich ihres Sieges freute.

Parabel aus dem 18. Jahrhundert

Das Wasser

Auf der ganzen Welt
gibt es nichts Weicheres
und Schwächeres als das Wasser.
Und doch, in der Art, wie es dem Harten zusetzt,
kommt nichts ihm gleich.
Es kann durch nichts verändert werden.

Daß Schwaches das Starke besiegt
und Weiches das Harte besiegt,
weiß jedermann auf Erden,
aber niemand vermag danach zu handeln.

Laotse

7. Februar

Nichts mehr als nichts

»Sag mir, was wiegt eine Schneeflocke?« fragte die Tannenmeise die Wildtaube.

»Nichts mehr als nichts!« gab die zur Antwort.

»Dann muß ich dir eine wunderschöne Geschichte erzählen«, sagte die Meise. »Ich saß auf dem Ast einer Fichte, dicht am Stamm, als es zu schneien anfing; nicht etwa heftig mit Sturmgebraus, nein, wie im Traum, lautlos und ohne Schwere.

Da ich nichts Besseres zu tun hatte, zählte ich die Schneeflocken, die auf die Zweige und Nadeln meines Astes fielen und darauf hängenblieben. Genau 3 741 953 waren es. Als die 3 741 954. Flocke niederfiel – nichts mehr als nichts, wie du sagst –, brach der Ast ab.«

Damit flog die Meise davon.

Die Taube, seit Noahs Zeiten eine Spezialistin in dieser Frage, sagte zu sich nach längerem Nachdenken: »Vielleicht fehlt nur eines einzigen Menschen Stimme zum Frieden der Welt?«

Mündlich überliefert

Gottes Hirtenmantel

Den Frieden bauen heißt, von Gott verlangen, daß er seinen Hirtenmantel herleiht, damit er die Menschen in der ganzen Weite ihrer Wünsche umfange. Genauso wie die Mutter, die ihre Söhne liebt.

Auch den, der schüchtern und zart ist. Und den anderen, der vor Lebenslust glüht. Und den, der vielleicht bucklig und schwächlich und unwillkommen ist.

Aber sie alle, in ihrer Verschiedenheit, bewegen sein Herz. Und alle, in der Verschiedenheit ihrer Liebe, dienen seiner Herrlichkeit.

Antoine de Saint-Exupéry

9. Februar

Vernichtung

Ein alter chinesischer Kaiser hatte vor, das Land seiner Feinde zu erobern und sie alle zu vernichten.

Später sah man ihn mit seinen Feinden speisen und scherzen.

»Wolltest du nicht deine Feinde vernichten?« fragte man ihn verwundert. Der Kaiser antwortete: »Ich habe sie vernichtet. Ich machte sie zu meinen Freunden.

Parabel

10. Februar

Zum Beispiel

»Vater«, fragt Klaus, »wie entstehen eigentlich Kriege?«

»Ja, mein Junge, die Sache ist so: Nehmen wir zum Beispiel an, England streitet sich mit Amerika über irgend etwas ...« Die Mutter unterbricht: »Rede doch keinen Unsinn, England und Amerika werden sich nicht miteinander streiten.« »Das behaupte ich ja gar nicht! Ich will doch nur ein Beispiel anführen.«

»Mit solchem Unsinn verwirrst du dem Jungen nur den Kopf!« »Was, ich verwirre seinen Kopf? Wenn es nach dir ginge, würde überhaupt nichts in seinen Kopf hineinkommen!« »Was sagst du da? Ich verbiete dir, daß du ...«

Da ruft Klaus: »Danke! Jetzt weiß ich, wie Kriege entstehen.«

Verfasser unbekannt

11. Februar

Ein Märchen

Als der Krieg zwischen den beiden benachbarten Völkern unvermeidlich war, schickten die Feldherrn von beiden Seiten Späher aus, um zu erkunden, wo man am leichtesten in das Nachbarland einfallen könnte. Die Kundschafter kehrten zurück und berichteten auf beiden Seiten dasselbe: Es gebe nur eine Stelle an der Grenze, die sich dafür eigne.

»Dort aber«, sagten sie, »wohnt ein braver kleiner Bauer in einem kleinen Haus mit seiner anmutigen Frau. Sie haben einander lieb, und es heißt, sie seien die glücklichsten Menschen auf der Welt. Sie haben ein Kind. Wenn wir nun über sein Grundstück marschieren, dann zerstören wir das Glück. Also kann es keinen Krieg geben.«

Das sahen die Feldherren ein, und der Krieg unterblieb, wie jeder Mensch begreifen wird.

Chinesisches Märchen

12. Februar

Die Fliegen

Mein Großvater beeindruckte mich sehr. Trotz seines Alters und seines schlechten Gesundheitszustands strahlte er Strenge und Gleichmut aus.

Von Zeit zu Zeit schlug er mit dem Fliegenwedel nach Fliegen, die in großer Zahl um unsere Milchschüsseln schwirrten, in denen Joghurt angesetzt war. Mein Großvater erklärte mir, daß Fliegen Krankheiten übertrügen und daß es jedermanns Pflicht sei, sich vor diesen scheinbar harmlosen Tieren zu schützen.

Ich nahm ihm den Fliegenwedel aus der Hand und begann, mit der ganzen Kraft meiner Jugend um mich zu schlagen. Nach einer Weile bedeutete er mir, daß es Zeit sei, aufzuhören. Ich war enttäuscht und fragte ihn nach dem Grund. »Weil du an dem, was du tust, Vergnügen zu finden beginnst«, sagte er. »Und töten darf niemals ein Vergnügen werden.«

»Und was ist mit den Krankheiten?« fragte ich erwartungsvoll.

»Es ist besser, wir werden krank, als daß uns der Tod von Lebewesen Vergnügen bereitet«, antwortete er ruhig, und damit war die Geschichte erledigt.

Peter Ustinov

13. Februar

Frieden spielen

Da ging ein alter Mann über einen freien Platz. Er beobachtete eine Gruppe Kinder, die offensichtlich »Krieg« spielten. Mit Stöcken und grellen »Päng-Päng-Schreien« rannten sie aufeinander los. Auch ganz Kleine waren dazwischen.

Nachdenklich stand der Mann eine Weile in der Nähe, dann ging er entschlossen auf die Gruppe zu und sagte bittend: »Spielt doch nicht Krieg, Kinder!«

Der bittende Klang der Männerstimme machte die Kinder betroffen. Sie zogen sich an eine Mauer zurück, berieten eine Weile miteinander, dann kamen sie wieder zu dem Mann, der immer noch dastand, als hoffe er auf etwas, und ein Kind fragte: »Wie spielt man Frieden?«

Nach Jörg Zink

Im Auge des Taifuns

Es war zwischen Japan und Celebes, wo das Meer am tiefsten ist. Zwei Tage lang bekamen wir unsern Kapitän nicht zu sehen, und die Gesichter der Offiziere waren wie aus Stein.

Wir machten halbe Fahrt.

Angelangt in der Bucht von Menado, erfuhren wir, daß wir Tag und Nacht im fast windstillen Kern eines Taifuns gereist waren.

Die kleinste Abweichung, ein kleiner Fehler in der Navigation, und wir wären verloren gewesen.

Richard Wolf

15. Februar

Der versteckte Gott

Rebbe Baruchs Enkel Jechiel kam in Tränen aufgelöst in die Lehrstube des Meisters gerannt.

»Jechiel, Jechiel, warum weinst du?«

»Mein Freund ist gemein! Er ist unfair! Er hat mich ganz allein gelassen, darum weine ich!«

»Willst du mir das nicht von Anfang an erzählen?«

»Sicher, Großvater. Wir haben Verstecken gespielt, ich mußte mich verstecken, und er war dran, mich zu suchen. Aber ich hatte mich so gut versteckt, daß er mich nicht finden konnte. Da hat er aufgegeben, er hörte einfach auf, mich zu suchen, und das ist unfair.«

Reb Baruch begann, Jechiels Gesicht zu streicheln, und ihm selbst traten Tränen in die Augen. »So ist es auch mit Gott, Jechiel«, flüsterte er leise. »Stell dir seinen Schmerz vor: Er hat sich versteckt, und die Menschen suchen ihn nicht. Verstehst du, Jechiel? Gott versteckt sich, und der Mensch sucht ihn nicht einmal!«

Elie Wiesel

Es wäre besser gewesen

Das Unglück der Erde war bisher,
daß zwei den Krieg beschlossen
und Millionen ihn ausführten und ausstanden,
indes es besser,
wenn auch nicht gut gewesen wäre,
daß Millionen beschlossen hätten
und zwei gestritten.

Jean Paul

17. Februar

Vaterlos

Im Gespräch mit einem Offizier der neuen Bundeswehr, einem Hauptmann, der bei den Abiturienten der Marburger Oberschulen um Offiziersnachwuchs warb, hatte Joachim gefragt, wie man einen Soldaten dazu bewegen könne, dorthin zu laufen, wo geschossen wird, da doch der angeborene Selbsterhaltungstrieb ihm zur Flucht rate. Sei die Macht eines Offiziers oder Unteroffiziers so groß, daß man ihn mehr fürchte als den Feind?

Der Hauptmann hatte, in großer Geduld, erwidert, daß er, Joachim Quint, seine Fragen falsch stelle ...

Joachim hatte erklärend hinzugefügt, daß er sich für diese Fragen besonders interessiere, da sein Vater, seine beiden Großväter und drei seiner Urgroßväter gefallen seien.

Christine Brückner

Vom Überstehen der Stürme

»Als der Denkende in einen großen Sturm kam, saß er in einem großen Wagen und nahm viel Platz ein.

Das erste war, daß er aus seinem Wagen stieg. Das zweite war, daß er seinen Rock ablegte. Das dritte war, daß er sich auf den Boden legte. So überstand der den Sturm in seiner kleinsten Größe.« Dies lesend, sagte Herr Keuner: »Es ist nützlich, sich die Ansichten der andern über einen selber zu eigen zu machen. Sie verstehen einen sonst nicht.«

Bertolt Brecht

19. Februar

streiklied

die schwarzen fürsten trommeln
die roten fürsten pfeifen
die weissen fürsten tuten
die braunen fürsten blasen

getrommelt und gepfiffen
getutet und geblasen
wir gehen nicht
wir kommen nicht
wir stehen nicht
wir tanzen nicht

wir folgen einem
andern fürsten

Kurt Marti

Steht noch dahin

Ob wir davonkommen, ohne gefoltert zu werden, ob wir eines natürlichen Todes sterben, ob wir nicht wieder hungern, die Abfalleimer durchsuchen, ob wir getrieben werden in Rudeln, wir haben's gesehen.

Ob wir nicht noch die Zellenklopfsprache lernen, den Nächsten belauern, vom Nächsten belauert werden und bei dem Wort Freiheit weinen müssen.

Ob wir uns fortstehlen rechtzeitig auf ein weißes Bett oder zugrundegehen am tausendfachen Atomblitz, ob wir es fertigbringen, mit einer Hoffnung zu sterben, steht noch dahin, steht alles noch dahin.

Marie Luise Kaschnitz

21. Februar

Mann gegen Mann

Vor der Schlacht tritt der Offizier an die Truppe heran und sagt feierlich: »Soldaten, jetzt geht es Mann gegen Mann!«

Infanterist Rubin: »Zeigen Sie mir bitte meinen Mann! Vielleicht kann ich mich gütlich mit ihm verständigen.«

Salcia Landmann

22. Februar

Die bösen Weingärtner

Ein Mann legte einen Weinberg an. Den verpachtete er und verreiste dann für einige Zeit.

Zu gegebener Zeit schickte er einen Beauftragten zu den Pächtern, um seinen Anteil am Ertrag abholen zu lassen. Aber die Pächter verprügelten den Boten und ließen ihn unverrichteter Dinge abziehen. Der Mann schickte einen zweiten, aber auch den verprügelten sie, beschimpften ihn und schickten ihn mit leeren Händen zurück. Er sandte auch noch einen dritten. Der wurde von den Pächtern blutig geschlagen und weggejagt.

Da sagte sich der Besitzer des Weinbergs: »Was soll ich tun? Ich werde meinen eigenen Sohn schicken, vor dem werden sie wohl Respekt haben.« Aber als die Pächter ihn kommen sahen, sagten sie zueinander: »Das ist der Erbe! Wir bringen ihn um, dann gehört der Weinberg uns!« So stießen sie ihn aus dem Weinberg hinaus und schlugen ihn tot. Was wird nun der Besitzer des Weinbergs mit ihnen machen?

Lukas 20, 9-15, Gute Nachricht

23. Februar

Auf einem Gedenkstein

Hier ruhen 31 Soldaten unbekannter Nationalität.

Alles nahm hier der Tod: Name, Alter, Volk; nahm jedes irdische Maß, machte wesenlos . . .

Gott allein kennt euch alle. Er weiß eure Namen, fügt sie ein in seine strenge, wahrhaftige Ordnung. Er hält in Händen die Bitte der Lebenden und der Toten, die Bitte um Frieden.

Auf dem Ehrenfriedhof von El Alamein

24. Februar

Bedingungen zum Sieg

Zwei Männer sprachen miteinander
Na, wie ist es?
Ziemlich schief
Wieviel haben Sie noch?
Wenn es gut geht: viertausend
Wieviel können Sie mir geben?
Höchstens achthundert
Die gehen drauf
Also tausend
Danke
Die beiden Männer gingen auseinander
Sie sprachen von Menschen
Es waren Generale
Es war Krieg

Wolfgang Borchert

25. Februar

Warum nicht?

Als der Krieg aus war,
kam der Soldat nach Haus.
Aber er hatte kein Brot.
Da sah er einen, der hatte Brot.
Den schlug er tot.
»Du darfst doch keinen totschlagen«,
sagte der Richter.
»Warum nicht?« fragte der Soldat.

Wolfgang Borchert

26. Februar

Antwort

Zu den Steinen
hat einer gesagt:
seid menschlich.

Die Steine haben gesagt:
wir sind noch nicht
hart genug.

Erich Fried

27. Februar

Gefangene

Mai 1946. Jemand berichtet aus Berlin: Ein Dutzend verwahrloste Gefangene, geführt von einem russischen Soldaten, gehen durch eine Straße; vermutlich kommen sie aus einem fernen Lager, und der junge Russe muß sie irgendwohin zur Arbeit führen oder, wie man sagt, zum Einsatz. Irgendwohin; sie wissen nichts über ihre Zukunft; es sind Gespenster, wie man sie allenthalben sehen kann.

Plötzlich geschieht es, daß eine Frau, die zufällig aus einer Ruine kommt, aufschreit und über die Straße heranläuft, einen der Gefangenen umarmt – das Trüpplein muß stehenbleiben, und auch der Soldat begreift natürlich, was sich ereignet hat; er tritt zu dem Gefangenen, der die Schluchzende im Arm hält, und fragt: »Deine Frau?« – »Ja –.« Dann fragt er die Frau: »Dein Mann?« – »Ja–.« Dann deutet er ihnen mit der Hand: »Weg – laufen, laufen – weg!«

Sie können es nicht glauben, bleiben stehen; der Russe marschiert weiter mit den elf anderen, bis er, einige hundert Meter später, einem Passanten winkt und ihn mit der Maschinenpistole zwingt, einzutreten: damit das Dutzend, das der Staat von ihm verlangt, wieder voll ist.

Max Frisch

Aufspringender Hase

So auf der Flucht, so
stückweis hoppelnd,
kurzäugig, im Wahn, der
Verfolger folgt nicht, dann
doppelt flüchtig, doppelt
schreckhaft, doppelt
todesängstlich – wann
war ich es nicht?

Rudolf Otto Wiemer

März

Lieben wie dich selbst

Da stand ein Gesetzeslehrer auf, und um Jesus auf die Probe zu stellen, fragte er ihn: »Meister, was muß ich tun, um das ewige Leben zu gewinnen?« Jesus sagte zu ihm: »Was steht im Gesetz? Was liest du dort?«

Er antwortete: »Du sollst den Herrn, deinen Gott, lieben mit ganzem Herzen und ganzer Seele, mit all deiner Kraft und all deinen Gedanken. Und deinen Nächsten sollst du lieben wie dich selbst.«

Jesus sagte zu ihm: »Du hast richtig geantwortet. Handle danach, und du wirst leben.«

Lukas 10, 25-28, Gute Nachricht

1. März

Perspektiven

Der alte Fabeldichter Aesop saß eines Tages am Rand der Straße nach Athen, als ihn ein Reisender fragte: »Welche Art von Leuten lebt denn in Athen?« Aesop entgegnete: »Sagt mir erst, woher Ihr kommt und was dort für Leute leben.«

Stirnrunzelnd sagte der Mann: »Ich komme von Argos. Die Menschen dort taugen nichts, sie sind Lügner, Diebe, ungerecht und streitsüchtig. Ich war froh, von dort wegzukommen.« »Wie schade«, antwortete Aesop, »daß Ihr die Leute in Athen nicht anders finden werdet.«

Gleich darauf kam ein anderer Reisender vorüber und stellte dieselbe Frage, und als Aesop sich auch bei ihm nach seiner Herkunft und den Bewohnern der Stadt erkundigte, meinte dieser: »Ich komme von Argos, wo alle Menschen freundlich, ehrbar und wahrhaftig sind. Ich habe sie ungern verlassen.«

Da lächelte Aesop und sagte: »Freund, ich freue mich, daß ich Euch sagen kann: Ihr werdet die Menschen in Athen ganz genauso finden.«

Aus Griechenland

Rassentrennung

»Was hast du hier im Gotteshaus zu suchen?« fragte der Weiße.
»Ich fege hier aus«, sagte der Schwarze.
»Ach so«, sagte der Weiße. »Ich dachte schon, du wolltest hier beten.«

Josef Reding

Verweht

In einem Dorf lebte eine Frau, deren böse Zunge durch üble Nachrede und falsche Gerüchte immer wieder Streit und Unfrieden über ihre Mitmenschen brachte.

Als eine Nachbarin sie zur Rede stellte, die sie mit einer besonders gemeinen Lüge verletzt hatte, sagte die Verleumderin: »Ich werde im Dorf bekanntmachen, daß es nicht stimmt. Dann ist alles wieder gut.« – »Nicht alles«, widersprach die Gekränkte, »etwas wird hängenbleiben. Es ist wie mit den Federn.« – »Mit was für Federn?« – »Geh nach Hause, hol ein Kopfkissen, komm zu mir zurück und verstreue unterwegs alle Federn«, sagte die Nachbarin.

Da die Frau ein schlechtes Gewissen hatte, kam sie diesem, ihr unverständlichen, Befehl nach und war nach kurzer Zeit zurück. »Und was nun?« fragte sie. – »Jetzt sammelst du alle Federn wieder ein.« – »Das ist unmöglich! Ich streute sie wahllos aus. Der Wind hat sie längst verweht«, wehrte sie sich. Die Nachbarin sagte: »So ist es auch mit übler Nachrede und bösen Gerüchten. Nie können alle ›Federn‹ wieder eingesammelt werden. Nie werden alle Worte vergessen. Etwas bleibt hängen.«

Barbara Hug

Von irdischen Dingen

Nicht daran,
wie einer von Gott redet,
erkenne ich, ob seine Seele
durch das Feuer der göttlichen Liebe
gegangen ist, sondern daran,
wie er von irdischen Dingen spricht.

Simone Weil

Das Geheimnis der Brücke

An einem Fluß wohnten zwei Bauern, der eine am rechten, der andere am linken Ufer.

Die Bauern waren neidisch aufeinander. Wenn sie morgens pflügten, schimpfte der eine, weil sein Feld im Schatten lag, das des Nachbarn aber in der Sonne. Und wenn sie abends Holz hackten, schimpfte der andere, weil sein Haus jetzt im Schatten, das des Nachbarn aber in der Sonne lag. Auch die Frauen der Bauern waren unzufrieden, und eines Morgens, als die eine Wäsche aufhing, schrie sie ein böses Wort ans linke Ufer hinüber, und als sie abends Wäsche abnahm, gab die andere das böse Wort ans rechte Ufer zurück.

Nur mittags, wenn die Sonne hoch am Himmel stand,

5. März

herrschten Ruhe und Frieden, weil die Bauern mit ihren Frauen unter den Apfelbäumen lagen und schnarchten.

Die beiden Kinder der Bauern aber saßen in der Mittagszeit am Wasser und langweilten sich. Doch eines schönen Tages war der Wasserspiegel gesunken, und aus dem Wasser ragten so viele große Steine, daß die Kinder hinüberhüpfen konnten. Sie trafen in der Mitte zusammen. Sie setzten sich auf einen großen Stein und fingen an, sich Geschichten zu erzählen, und sie hüpften nun jeden Mittag über die Steine, um sich in der Mitte zu treffen.

Die Eltern aber wunderten sich, woher ihre Kinder plötzlich Dinge wußten, von denen sie selbst noch nie gehört hatten. Doch eines Tages, nach einem langen Regen, hörten die Kinder auf, Geschichten zu erzählen, zu lachen, zu singen. Das Wasser im Fluß war wieder angestiegen und die Kinderbrücke verschwunden. Da erfuhren die Eltern endlich das Mittagsgeheimnis ihrer Kinder, und sie fingen an nachzudenken.

Und als sie lange genug nachgedacht hatten, beschlossen sie, zusammen mit ihren Kindern, aus den übriggebliebenen Steinen eine Brücke zu bauen.

Märchen aus der Tschechoslowakei

Die Bedingung

Der Friede,
den wir nicht machen können,
ist die Bedingung für den Frieden,
den wir machen müssen.

Carl Friedrich von Weizsäcker

7. März

Dieser Mensch

Im Jahre 1944 erst, also in meinem letzten Gefangenschaftsjahr, ist mir an einem Nachmittag eine Erkenntnis gekommen.

Ich hatte niemals mit dem schwarz uniformierten Menschen gesprochen, der in meine Zelle kam, um mir Essen zu bringen oder Geschirr abzuholen oder sonstwas. Ich stand auf dem Standpunkt, diese Bande in schwarzen Uniformen, die geht mich nichts an.

Und da, als der SS-Mann aus meiner Zelle rausgegangen war, da ist mir plötzlich eine Erkenntnis aufgegangen, und ich habe mich fragen müssen: Kannst du eigentlich sagen, dieser Mensch geht dich nichts an? Kannst du eigentlich so tun, als ob das ein Unterschied wäre?

Martin Niemöller

Ein Prozeß

Am 1. September 1939 marschieren die deutschen Truppen in Polen ein. Gauleiter Erich Koch wird Chef der Zivilverwaltung Bialystok. In diesem Bereich werden etwa Dreimillioneneinhundertfünfzigtausend (3 150 000) polnische Juden umgebracht, das sind 98 Prozent der jüdischen Bevölkerung.

Am 20. Oktober 1958 eröffnet die Große Strafkammer des Wojowodschaftsgerichts in Warschau den Prozeß gegen Erich Koch. Der Angeklagte wird aus dem Warschauer Gefängnis vorgeführt. Koch erklärt am ersten Verhandlungstag: »Wenn ich überhaupt noch lebe, so verdanke ich das allein einer großen Frau, der Gefängnisärztin Frau Dr. Kaminska.«

Frau Dr. Kaminska ist Jüdin.

Ethelbert Stauffer

Welcher Frieden?

Ihr wollt,
daß es so bleibt wie es ist,
darum betet ihr um Frieden.

Wir wollen,
daß es nicht so bleibt wie es ist,
darum beten wir um Frieden.

Lothar Zenetti

10. März

Zweierlei

Zwei Männer redeten miteinander über das Gottesreich.

Der eine sagte: »Ich freue mich darauf, denn dann wird alles anders.« Der zweite war nicht einverstanden: »Ich freue mich auch, aber wer sagt denn, daß alles anders werden müsse? Ich möchte, daß vieles so bleibt, wie es ist.«

Darob entsetzte sich der erste: »Nein, um Himmels willen nicht! Wenn alles so bleibt, wie es ist, dann ist meine ganze Hoffnung umsonst. Nur das Reich Gottes kann eine Änderung bringen. Hunger und Krankheit, Unterdrückung und Krieg dürfen nicht ewig dauern.«

Da schwieg der zweite zuerst, denn er hatte ein großes Haus mit einem schönen Garten, er liebte gutes Essen und Trinken mit Freunden, gutes Wetter und Musik.

»Nun«, sagte er nach einer Weile, »wir meinen wohl nicht dasselbe.«

Hansruedi Meier

Unterwegs

Fahrend in einem bequemen Wagen
Auf einer regnerischen Landstraße
Sahen wir einen zerlumpten Menschen
bei Nachtanbruch
Der uns winkte, ihn mitzunehmen, sich tief
verbeugend.
Wir hatten ein Dach
und wir hatten Platz und wir fuhren vorüber.
Und wir hörten mich sagen,
mit einer grämlichen Stimme:
Nein
Wir können niemand mitnehmen.
Wir waren schon weit voraus,
einen Tagesmarsch vielleicht
Als ich plötzlich erschrak über diese,
meine Stimme
Dies mein Verhalten und diese
Ganze Welt.

Bertolt Brecht

12. März

Vater der Armen

Du bist der Vater welcher Armen?
Ohne Zweifel
der Hilfsbedürftigen,
der Unterdrückten,
der Recht- und Stimmlosen.
Aber vergiß nicht
die anderen Arten der Armut:
die Armen an Liebe,
die Armen an Träumen,
die Armen an Glaube und Hoffnung,
die Armen an Frieden.

In Deiner unendlichen Barmherzigkeit
umhülle die Ärmsten der Armen
– die reichen Armen,
die die Schatten der Nacht umarmen
und durch das Leben gehen
im Glauben, intensiv zu leben,
ohne tatsächlich zu leben.

Dom Helder Camara

13. März

Nichts

Die Hölle war total überfüllt, und noch immer stand eine lange Schlange am Eingang. Schließlich mußte sich der Teufel selbst herausbegeben, um die Bewerber fortzuschicken. »Ein einziger Platz ist noch frei, den muß der ärgste Sünder bekommen«, rief er. »Ist vielleicht ein Mörder da?«

Er hörte sich die Verfehlungen der Anstehenden an. Schließlich sah er einen, den er noch nicht befragt hatte. »Was haben Sie getan?« fragte er ihn. »Nichts. Ich bin ein guter Mensch und nur aus Versehen hier.« – »Aber Sie müssen doch etwas getan haben! Jeder Mensch stellt etwas an.« – »Ich sah es wohl«, sagte der Mann, von sich überzeugt, »aber ich hielt mich davon fern. Ich sah, wie Menschen ihre Mitmenschen verfolgten, aber ich beteiligte mich nie. Sie haben Kinder hungern lassen und in die Sklaverei verkauft; sie haben auf den Schwachen herumgetrampelt. Sie haben von ihren Übeltaten jeder Art profitiert. Ich allein widerstand der Versuchung und tat nichts.«

»Absolut nichts?« fragte der Teufel ungläubig. »Sind Sie völlig sicher, daß Sie alles angesehen haben?« – »Vor meiner eigenen Tür!« – »Und nichts haben Sie getan?« wiederholte der Teufel. – »Nein!« – Da sagte der Teufel: »Komm herein, mein Sohn. Der Platz gehört dir!«

Nach Calderon

14. März

Die Löffel

Ein frommer Mensch kommt zu Gott und bittet: »Herr, ich möchte die Hölle sehen und den Himmel.« »Nimm Elia als Führer«, spricht Gott, »er wird dir beides zeigen.«

Der Prophet führt den Frommen in einen großen Raum. Ringsum Menschen, die große Löffel mit langen Stielen in den Händen haben. In der Mitte, auf einem Feuer kochend, ein Topf mit einem köstlichen Gericht.

Alle schöpfen mit ihren langen Löffeln aus dem Topf, aber sie sehen mager aus, blaß, elend. Kein Wunder: Ihre Löffel sind zu lang. Sie können sie nicht zum Mund führen, das herrliche Essen nicht genießen.

»Welch seltsamer Raum war das?« fragt der Mensch beim Hinausgehen. »Die Hölle«, antwortet der Prophet.

Sie betreten einen anderen Raum. Alles ist genauso wie im ersten. Ringsum Menschen mit langen Löffeln. In der Mitte, auf einem Feuer kochend, ein Topf mit einem köstlichen Gericht. Alle schöpfen mit ihren langen Löffeln aus dem Topf. Die Menschen sehen gesund aus, gut genährt und glücklich.

Der Besucher wundert sich und schaut genau hin. Da sieht er, wie die Menschen sich gegenseitig die Löffel in den Mund schieben. Sie geben einander zu essen, einer füttert den anderen. Und der Mensch weiß: Das ist der Himmel.

Russisches Märchen

15. März

Wachstum

Es wuchs der Mensch
an Menschenkraft
an Menschenpassion
an Menschentagen
an Menschenliebe

Aber es wuchs auch
eine Mauer
höher als der Mensch
stärker als der Mensch
dunkler als der Mensch
zwischen dem Menschen
und den Menschen.

Angel Pernández Miguel

16. März

Solidarität

Der dunkle Bahnsteig steht voller Menschen, die mit leeren Säcken, Eimern und Körben auf den Frühzug warten, der auf die Dörfer fährt. Kartoffeln wollen sie bei den Bauern holen, Kraut, Rüben, vielleicht etwas Butter, ein paar Eier.

Mühsam dränge ich mich durch die Menge. Gestern bin ich umsonst am Bahnhof gewesen, habe nicht zu den Glücklichen gehört, die mitfahren konnten. Heute will ich mit!

Der Zug fährt ein, bereits überfüllt von Menschen mit leeren Säcken, Eimern, Körben. Sie halten die Türen zu, schreien: »Draußenbleiben! Draußenbleiben!« Befürchten sie, daß die Bauern dem einzelnen weniger geben, wenn wir so viele sind? Wir auf dem Bahnsteig schreien: »Aufmachen! Aufmachen!« Wir stürmen den Zug.

Ich kann nicht verstehen, daß es keine Solidarität gibt zwischen den Hungrigen drinnen und denen draußen. Alle haben wir zuwenig zu essen, haben kleine Kinder, alte Eltern, alle wollen wir überleben. Ich hasse diese Unmenschen! Nie würde ich handeln wie sie! Noch viele hätten Platz im Zug,

17. März

denn Menschen gehen eng zusammen, wenn sie wollen.

Irgendwo wird eine Türe aufgerissen. Menschen, die günstig stehen, werden hineingepreßt. Ich bin dabei. »Aufmachen!« rufen wir noch – aber kaum sind wir im Zug, wenden wir uns gegen die Hereindrängenden: »Draußenbleiben!« schreien wir. »Draußenbleiben!« und versuchen die Türen zu schließen. Ich bin dabei.

Barbara Hug

Offene Hände

Offene Hände
schenken mehr Freude
als saubere Finger.

Afrikanisches Sprichwort

Ein bißchen Silber

Ein Mann sagte: »Ich verstehe das nicht: Kommt man zu einem Armen, der ist freundlich und hilft, wo er kann. Kommt man aber zu einem Reichen, der sieht einen nicht mal. Was ist das bloß mit dem Geld?« Da sagt der Rabbi: »Tritt ans Fenster! Was siehst du?«

»Ich sehe eine Frau mit einem Kind. Und einen Wagen, der zum Markt fährt.«

»Gut. Und jetzt tritt vor den Spiegel. Was siehst du?«

»Was werde ich schon sehen! Mich selber.«

»Nun siehst du: Das Fenster ist aus Glas gemacht und der Spiegel ist aus Glas gemacht. Man braucht bloß ein bißchen Silber dahinterzulegen, schon sieht man nur noch sich selbst.«

Nach Sigismund von Radecki

Begierde

Ein Hund trug ein Stück Fleisch durch einen Fluß. Der Wasserspiegel zeigte ihm sein Bild.

»Da schwimmt ein anderer Hund mit Beute«, glaubte er und wollte sie schnappen.

Doch – betrogne Gier! – der eigne Bissen glitt ihm aus dem Maul, und der begehrte war erst recht dahin.

Wer fremdes Gut begehrt, verliert sein eigenes.

Äsop

20. März

Vom Teilen

Sie trinken auf ihre neue Freundschaft.
»Wenn du fünf Fernsehgeräte hättest,
würdest du mir eins schenken?«
»Freilich.«
»Wenn du fünf Autos hättest,
würdest du mir eins schenken?«
»Freilich.«
»Wenn du fünf Hemden hättest,
würdest du mir eins schenken?«
Der Gefragte schüttelt den Kopf.
»Warum nicht?«
»Ich habe fünf Hemden.«

Peter Bamm

21. März

Unterschiede

Ein Eichelhäher fand auf seinen Streifzügen ein kunstvolles Nestchen. Er bewunderte es sehr. Als er aber erfuhr, der kleine Zaunkönig habe es erbaut, lachte er höhnisch und rief: »Welch erbärmliches Machwerk!«

Ein andermal entdeckte er auf einer Felsplatte einen Haufen zusammengeworfenen Gestrüpps mit Heu und Federn in der Mitte.

Als ihm gesagt wurde, dies sei das Nest des Adlers, rief er voll Bewunderung: »Welch kunstvoller Bau!«

Alte Fabel

Der barmherzige Samariter

Ein Mann ging von Jerusalem nach Jericho. Unterwegs überfielen ihn Räuber. Sie rissen ihm die Kleider vom Leib, schlugen ihn zusammen und ließen ihn halbtot liegen.

Nun kam zufällig ein Priester denselben Weg. Er sah den Mann liegen, machte einen Bogen um ihn und ging vorbei. Genauso machte es ein Levit: er sah ihn und ging vorbei.

Schließlich kam ein Mann aus Samarien. Als er den Überfallenen sah, hatte er Mitleid. Er ging zu ihm hin, behandelte seine Wunden mit Öl und Wein und machte ihm einen Verband. Dann setzte er ihn auf sein eigenes Reittier und brachte ihn in das nächste Gasthaus, wo er sich um ihn kümmerte.

Am andern Tag gab er dem Wirt zwei Silberstücke und sagte: »Pflege ihn! Wenn du noch mehr brauchst, will ich es dir bezahlen, wenn ich zurückkomme.«

Lukas 10, 30-35, Gute Nachricht

23. März

Der bessere barmherzige Samaritan

Da ging der Samaritan ein zweites Mal nach Jericho, fand einen zweiten Verwundeten, las ein zweites Mal auf. Ging ein drittes, ein viertes, ein fünftes Mal den gleichen Weg und fand jedesmal einen Verwundeten. Er ging hundertmal und fand hundertmal. Ging tausendmal und fand tausendmal ... Und immer an der gleichen Stelle.

Als er zum 2333. Male von Jerusalem nach Jericho ging, dachte er bei sich: Es liegt bestimmt wieder einer da ... und stolperte darüber ..., holte dann, wie üblich, den üblichen Vorrat aus der Satteltasche und begann mit üblicher Sorge, diesen neuesten, 2333. Verwundeten übungsgemäß zu salben und zu wickeln. Um ihn abschließend – weil Übung den Meister macht – mit einem einzigen Ruck auf den Esel zu verladen ..., der auch sofort davonlief, in üblicher Richtung auf die Herberge. Und dort auch richtig ankam, der Esel mit dem Verwundeten ... diesmal bloß zu zweit, ohne den Samaritaner. Der war nämlich in der Wüste geblieben, um dort zunächst einmal ein Räubernest auszuspionieren ...

Als er über seinen 2333. Verwundeten stolperte, war ihm nämlich plötzlich eine Erleuchtung gekommen: daß es eine bessere Qualität von Barmherzigkeit sei, sich vorsorglich, und zwar resolut, mit dem Räubernest zu befassen, statt nachträglich Heftpflaster auszuteilen ... Er merkte sich das Rezept. Und war von da ab, mit immer weniger Arbeit, ein immer besserer und noch besserer Samaritan ...

Ernst Schnydrig

Die Rettung

Als ich mit einem Tibetaner im Schneesturm wanderte, sah ich einen Mann, der im Schnee einen Abhang hinuntergestürzt war.

Ich sagte: »Wir müssen hingehen und ihm helfen.« Er erwiderte: »Niemand kann von uns verlangen, daß wir uns um ihn bemühen, während wir selber in Gefahr sind umzukommen.« »Immerhin«, antwortete ich, »wenn wir schon sterben müssen, ist es gut, wir sterben, während wir anderen helfen.«

Er wandte sich ab und ging seines Weges. Ich stieg zu dem verunglückten Mann hinunter, hob ihn mühsam auf meine Schultern und trug ihn bergan. Durch diese Anstrengung wurde mir warm, und meine Wärme übertrug sich auf den vor Kälte steifen Verunglückten. Unterwegs fand ich meinen früheren Begleiter im Schnee liegen. Müde hatte er sich niedergelegt und war erfroren.

Ich hatte einen Menschen retten wollen und rettete ihn und mich selbst.

Verfasser unbekannt

Beim Wunderrabbi

Von einem chassidischen Wunderrabbi ging die Sage, daß er jeden Morgen vor dem Frühgebet zum Himmel emporsteige. Ein Mitnaged, ein Gegner des Chassidismus, lachte darüber und legte sich auf die Lauer, um selber festzustellen, was der Rabbi im Morgengrauen trieb.

Da sah er: der Rabbi verließ, als ukrainischer Holzknecht verkleidet, sein Haus und ging zum Wald.

Der Mitnaged folgte von weitem. Er sah den Rabbi ein Bäumchen umhauen und in Stücke hakken. Dann lud sich der Rabbi das Holz auf den Rücken und schleppte es zu einer armen, kranken, einsamen Jüdin. Der Mitnaged blickte durch das Fensterchen; drin kniete der Rabbi am Boden und heizte ein . . .

Als die Leute nachher den Mitnaged fragten: »Nun, steigt er wirklich zum Himmel?«, sagte er still: »Sogar noch höher!«

Salcia Landmann

26. März

»Sie haben auch nichts.«

Vor mehreren Wochen hörte ich von einer Familie, die schon seit einigen Tagen nichts mehr zu essen hatte; es war eine Hindu-Familie. So nahm ich etwas Reis und suchte sie auf.

Ehe ich mich versah, hatte die Mutter den Reis in zwei Hälften geteilt und die eine Hälfte der Nachbarfamilie an die nächste Tür gebracht, wo Muslime wohnten.

Daraufhin fragte ich sie: »Wieviel wird denn noch für euch alle bleiben? Ihr seid zu zehnt für dieses bißchen Reis.«

Die Mutter antwortete: »Sie haben auch nichts zu essen.«

Mutter Teresa

27. März

Hier bei uns

Das Kind hinten im Auto schrie, weil es Durst hatte. Ich hielt und ging in eine Wirtschaft, die so früh am Morgen noch nicht geöffnet hatte. Doch die Frau, die mir die Tür aufmachte, war freundlich und gab mir Milch, bot mir auch Brot an.

Als ich mit dem Becher vom Auto wieder zurück ins Haus kam und zahlen wollte, sagte sie: »Aber doch nicht dafür. Das kleine Kind hatte doch Durst, nicht?«

Ich war beschämt, daß ich mir so eine Antwort hier bei uns schon gar nicht mehr hatte vorstellen können, so eine Sache zwischen Wildfremden. Und doch gibt es sie, überall wieder und öfters.

Ingrid Bachér

Weitergeben!

Vor einigen Tagen bat mich eine Frau, ihr fünf Mark zu wechseln. Sie mußte dringend telefonieren. Ich hatte nur drei Groschen dabei, die gab ich ihr.

Sie sagte: »Den Rest geben Sie weiter ...« Bald darauf stand ich am Bus. Scheine konnte der Fahrer nicht wechseln, mein Kleingeld reichte nicht – um einen Groschen.

Der wurde dahergereicht von jemandem, der mich beschämte. Beim Warten vorher hatte ich ihn mißtrauisch beäugt: Alkohol, Großstadt, Anonymität und so ...

Seitdem lauere ich auf die Chance zum Weitergeben.

Ein junges Mädchen am Fahrkartenautomaten. Erleichtert biete ich ihm das Fehlende an. Es ist verwundert. »Gib's weiter«, sage ich.

Verfasser unbekannt

Neuigkeiten

Es müßte Zeitungen geben,
die immer das mitteilen,
was nicht ist:
Keine Cholera!
Kein Krieg!
Keine Revolution!
Keine Mißernte!

Die tägliche Freude
über die Abwesenheit großer Übel
würde zweifellos
die Menschen fröhlicher machen.

Christian Morgenstern

30. März

Als sei nichts weiter vorgefallen

Am Straßenrand, dort, wo zwei Hauptverkehrsstraßen einander kreuzen, stand ein Mann, wollte die Straße überqueren und wagte es nicht. Er trug einen weißen Stock in der Hand, und jeder sah, daß er blind war.

Auch der Busfahrer, der sein »öffentliches Nahverkehrsmittel« an der Ampel zum Stehen gebracht hatte, sah den Mann, und es geschah etwas sehr Merkwürdiges: Der Fahrer verließ seinen Arbeitsplatz im Bus, ging zu dem Mann und führte ihn, obwohl inzwischen das rote Männchen von der Ampel eine Sperre setzte, behutsam zur anderen Straßenseite hinüber, mit einer Hand den Verkehr aufhaltend. Danach eilte er zurück zu seinem Wagen und setzte sich wieder ans Steuer, so, als sei überhaupt weiter nichts vorgefallen.

Und die Fahrgäste? Die schüttelten nicht die Köpfe über diesen unprogrammäßigen Aufenthalt, sondern fanden das Verhalten des jungen Mannes richtig. Und sagten es auch.

Fabian Lith

April

Der Ulmenstamm

Wir sägten Holz, griffen dabei nach einem Ulmenbalken und schrien auf.

Seit im vorigen Jahr der Stamm gefällt wurde, war er vom Traktor geschleppt und in Teile zersägt worden. Man hatte ihn auf Schlepper und Lastwagen geworfen, zu Stapeln gerollt, auf die Erde geworfen – aber der Ulmenbalken hatte sich nicht ergeben.

Er hatte einen frischen grünen Trieb hervorgebracht – eine ganze künftige Ulme oder einen dichten rauschenden Zweig.

Wir hatten den Stamm bereits auf den Block gelegt, wie auf einen Richtblock; doch wir wagten nicht, mit der Säge in seinen Hals zu schneiden. Wie hätte man ihn zersägen können?

Wie sehr er doch leben will – stärker als wir!

Alexander Solschenizyn

Sensible Wege

Sensibel ist
die Erde über den Quellen;
kein Baum darf
gefällt, keine Wurzel
gerodet werden

Die Quellen könnten
versiegen
Wie viele Bäume werden
gefällt, wie viele Wurzeln
gerodet
in uns

Reiner Kunze

Wer sich selber kennt

Wer andre kennt, ist klug.
Wer sich selber kennt, ist weise.
Wer andere besiegt, hat Kraft.
Wer sich selber besiegt, ist stark.
Wer sich durchsetzt, hat Willen.
Wer sich genügen läßt, ist reich.
Wer seinen Platz nicht verliert, hat Dauer.
Wer auch im Tod nicht untergeht, der lebt.

Laotse

3. April

Deswegen

Ein junger Pfarrer soll im Gefängnis predigen. Tagelang sucht er Formulierungen, die ihm für diesen Anlaß geeignet scheinen.

Als er den Saal betritt, erschauert er unter der Kälte der höhnischen Gesichter. Unsicher steigt er zur Kanzel hinauf. Auf der vorletzten Stufe stolpert er und rollt über alle Stufen hinunter. Die Gefangenen brüllen vor Lachen.

Einen Augenblick lang ist der junge Pfarrer vor Schmerz und Scham wie gelähmt.

Dann springt er auf, stürmt die Treppe empor und lacht auf die Männer hinunter: »Deswegen bin ich gekommen! Ich wollte euch zeigen, daß man wieder aufstehen kann, wenn man gestürzt ist.«

Aus Schweden

Löwenzahn

Zwischen Winter und Frühjahr asphaltierte die Gemeinde den Gehsteig vor unsern Häusern.

Längst haben wir die Decke hart getreten. Die Kinder fahren auf ihr Rollschuh.

Auf einmal entsteht nahe am Randstein eine brüchige Stelle, als wenn von unterwärts ein Nagel hochgetrieben würde. Der Asphalt wölbt sich, platzt in der Mitte auf.

Nach ein paar Tagen steht da auf dünnem Stengel eine Blume mit gelbem Stern, eine kleine Sonne. Immerfort bedroht von unsern Schuhsohlen, vom Straßenkehrer, hält sie ihr leuchtendes Blumengesicht uns und dem Himmel entgegen.

Richard Wolf

5. April

Wunder des Alltags

Ein kleines Kind war an der Schwelle zur Küche hängengeblieben, hingefallen und weinte.

Ich dachte, es würde bestimmt zur Mutter flüchten und über die böse Schwelle klagen. Doch es erhob sich, besah das blutende Knie, stellte sich mit verbissenen Lippen vor die Schwelle hin, nahm einen Satz, einen zurück, vor und zurück, vor und zurück.

Jetzt erst lief es zur Mutter und erzählte ihr von seinem Triumph.

Hans Manz

6. April

Der Clown

Da war ein junger Mann. Aus Verzweiflung und Angst, mit seinem Leben nicht fertig zu werden, ging er zu einem Psychiater und klagte ihm seine Not.

Der Psychiater gab ihm, unter anderem, den Rat: »Gehen Sie in den Zirkus, der zur Zeit in unserer Stadt gastiert. Dort tritt ein großartiger Clown auf. Der wird Sie zum Lachen bringen und aufheitern.«

Da erschrak der Patient. Er packte den Arm des Arztes und sagte: »Herr Doktor! Dieser Clown bin ich!«

Phil Bosmans

7. April

Trotzdem

Ein Mensch konnte nichts Schönes und Gesundes ertragen. Als er in einer Oase einen jungen Palmbaum im schönsten Wuchs fand, nahm er einen schweren Stein und legte ihn der jungen Palme mitten in die Krone. Mit einem Lachen ging er weiter.

Die Palme versuchte die Last abzuwerfen. Sie schüttelte und bog sich. Vergebens.

Sie krallte sich tiefer in den Boden, bis ihre Wurzeln verborgene Wasseradern erreichten. Diese Kraft aus der Tiefe und die Sonnenglut aus der Höhe machten sie zu einer königlichen Palme, die auch den Stein hochstemmen konnte.

Nach Jahren kam der Mann wieder, um sich an dem Krüppelbaum zu erfreuen. Da senkte die kräftige Palme ihre Krone, zeigte den Stein und sagte: »Ich muß dir danken. Deine Last hat mich stark gemacht.«

Aus Tunesien

Beharrlichkeit

Ein Mann, der lange Zeit an einer Sache gearbeitet und sie trotz großer Hindernisse nicht aufgegeben, sondern erfolgreich zu Ende geführt hatte, wurde gefragt, wie er es geschafft habe, nicht mutlos zu werden.

Er antwortete: »Haben Sie schon einmal einen Steinmetz bei der Arbeit beobachtet? Er schlägt vielleicht hundertmal auf die gleiche Stelle, ohne daß auch nur der kleinste Riß sichtbar wird. Aber beim hundertundeinten Schlag springt der Stein plötzlich entzwei. Es ist aber nicht dieser eine Schlag, der den Erfolg bringt, sondern es sind die hundert, die ihm vorausgegangen sind.«

Verfasser unbekannt

9. April

Die Kreuzschau

Gott hatte einmal Erbarmen mit einem Menschen, der sich über sein zu schweres Kreuz beklagte. Er führte ihn in einen Raum, wo alle Kreuze der Menschen aufgestellt waren, und sagte zu ihm: »Wähle!«

Der Mensch machte sich auf die Suche.

Da sah er ein ganz dünnes Kreuz, aber dafür war es sehr lang und größer als sein eigenes. Er sah ein ganz kleines, aber als er es aufheben wollte, war es schwer wie Blei. Dann sah er eins, das gefiel ihm, und er legte es auf seine Schultern. Doch gerade an der Stelle, wo es auf der Schulter auflag, hatte es eine scharfe Spitze, die ihm wie ein Dorn ins Fleisch drang.

So hatte jedes Kreuz etwas Unangenehmes, und als er alle Kreuze angesehen hatte, hatte er noch immer nichts Passendes gefunden.

Dann entdeckte er eins, das hatte er übersehen, weil es so versteckt stand. Es war nicht zu schwer, nicht zu groß, so richtig handlich, wie geschaffen für ihn. Dieses Kreuz wollte er in Zukunft tragen.

Und als er näher hinschaute, merkte er, daß es sein Kreuz war, das er bisher getragen hatte.

Adalbert von Chamisso

Der Hahn

Verdammter Hahn. Jede Nacht
hör ich ihn krähn und schmecke
den Rauch des Wachtfeuers
auf der Zunge.

Und höre die pockennarbige Magd,
die mit den Haarzotteln:
Warst du nicht bei ihm? Und höre mich
sagen: Nein.

Und seh bei der Glut die Soldknechte
würfeln. Und sehe die Hände, die
mich befreiten,
gefesselt.

Und spüre den Blick beim Qualm der Fackel,
das blutige Aug, das mich sucht. Und
wende mich ab und sage: Ich
bin's nicht.

Verdammter Hahn. Jede Nacht
schneide ich ihm den Hals ab. Doch
das Vieh kräht, kräht. Kräht
unterm Messer.

Rudolf Otto Wiemer

11. April

Passion Christi

ich kenne einen

der ließ sich von uns die Suppe versalzen
der ließ sich von uns die Chancen vermasseln
der ließ sich von uns das Handwerk legen
der ließ sich für dumm verkaufen
der ließ sich einen Strick drehen
der ließ sich an der Nase herumführen
der ließ sich übers Ohr hauen
der ließ sich von uns kleinkriegen
der ließ sich von uns in die Pfanne hauen
der ließ sich von uns aufs Kreuz legen
der ließ sich von uns Nägel mit Köpfen machen
der ließ sich zeigen, was ein Hammer ist
der ließ sich von uns festnageln auf sein Wort
der ließ sich seine Sache was kosten
der ließ sich sehen am dritten Tag

der konnte sich sehen lassen

Lothar Zenetti

12. April

das leere grab

ein grab greift
tiefer
als die gräber
gruben

denn ungeheuer
ist der vorsprung tod

am tiefsten
greift
das grab das selbst
den tod begrub

denn ungeheuer
ist der vorsprung leben

Kurt Marti

13. April

Osternacht

Wie oft habe ich die Osternacht der östlichen Kirche mitgefeiert.

Wen es nicht im Innersten trifft »wie ein Blitz«, wenn der Priester in der Mitte der Nacht mit brennender Kerze aus dem Sanktuarium tritt, wenn er singend verkündet: »Christus ist auferstanden!«, und die Gläubigen ihm antworten: »Er ist in Wahrheit auferstanden!«, wem das nicht durch und durch geht, der ist wie ein Abgestorbener, sein Herz weiß nichts mehr vom Leben.

In Minutenschnelle entzündet sich eine Kerze an der andern. Jetzt, zur dunkelsten Stunde des Tages, durchbrandet ein Lichtermeer die Kirche, den Vorplatz.

Die Menschen umarmen und küssen sich, als seien sie alle Brüder und Schwestern.

Sie sind es in diesem Augenblick in Wahrheit.

Richard Wolf

Argumente für Ostern

Nicht das leere Grab
und der weggewälzte Stein,
nicht die römischen Wächter,
die starr vor Entsetzen zu Boden gesunken waren,
auch nicht der Engel,
der zu den verstörten Frauen sprach,
sind Argumente genug für Ostern . . .

Aber daß diese Frauen
– sie als erste –
den Wandel erlebten
von Niedergeschlagenheit
in Getrostheit und Freude,
daß die Jünger
ihre ängstlich verschlossenen Türen aufsperrten
und die Botschaft weitersagten, von Mund zu Mund,
daß sie über Meer und Gebirge auch zu uns gelangt ist
mit ihrer verwandelnden Kraft:
das ist das Wunder.

»Ich bin bei euch alle Tage« –
wenn wir das erfahren,
dann geschieht Ostern
wahrhaftig auch heute noch in uns.

Barbara Cratzius

15. April

Ostern 1946

Joachim rückte näher an den Tisch und gab eine Erinnerung zum besten:

»Am Ostersonntag hat unsere Mutter uns alle mit ins Dorf genommen. Mirka trug sie in einem Tuch auf dem Rücken, um ihre Hände frei zu haben. Wir gingen in das Haus des Bauern. Wie er hieß, weiß ich nicht mehr. Sie hat bei ihm auf dem Feld gearbeitet. Wir gingen durch die Haustür und, ohne anzuklopfen, geradewegs in die Küche, wo alle beim Essen saßen. Ein gebratenes Osterlamm stand auf dem Tisch.

Wir stellten uns in einer Reihe auf, und dann sagte Mutter: ›Meine Kinder sollen sich wenigstens zu Ostern mal richtig satt sehen können!‹

Wir standen und guckten, der Bauer guckte auch, stand dann auf und stemmte zornig die Arme auf die Tischplatte. Viktoria fing an zu weinen, und Mutter sagte zu uns: ›Kommt, aber vergeßt es nicht!‹ Und zu den Leuten am Tisch: ›Sie auch nicht!‹«

Christine Brückner

Entwurf für ein Osterlied

Die Erde ist schön, und es lebt sich
leicht im Tal der Hoffnung.
Gebete werden erhört. Gott wohnt
nah hinterm Zaun.

Die Zeitung weiß keine Zeile vom
Turmbau. Das Messer
findet den Mörder nicht. Er
lacht mit Abel.

Das Gras ist unverwelklicher
grün als der Lorbeer. Im
Rohr der Rakete
nisten die Tauben.

Nicht irr surrt die Fliege an
tödlicher Scheibe. Alle
Wege sind offen. Im Atlas
fehlen die Grenzen.

Das Wort ist verstehbar. Wer
Ja sagt, meint Ja, und
Ich liebe bedeutet: jetzt und
für ewig.

Der Zorn brennt langsam. Die
Hand des Armen ist nie ohne
Brot. Geschosse werden im Flug
gestoppt.

17. April

Der Engel steht abends am Tor. Er
hat gebräuchliche Namen und
sagt, wenn ich sterbe:
Steh auf.

Rudolf Otto Wiemer

Das christliche Abendland

»Warum hängt der Mann an dem Balken?«
fragte Achmed und zeigte auf das Kreuz.
»Das ist Jesus«, sagte Erika.
»Wer ist das?« fragte Achmed.
»Der hat gesagt,
daß Gott alle Kinder liebhat«, sagte Erika.
»Und warum hängt er da?« fragte Achmed.
»Weiß ich auch nicht«, sagte Erika.
»Komisch«, sagte Achmed.

Verfasser unbekannt

Das vergessene Gebet

Während das Bombardement den Schützengraben in Fossalta in Stücke fetzte, lag er sehr flach und schwitzte und betete: »Ach, lieber Herr Jesus, hilf mir hier raus. Lieber Herr Jesus, bitte hilf mir raus. Christus, bitte, bitte, bitte, Christus. Wenn du mich vorm Tod bewahrst, werde ich alles tun, was du verlangst. Ich glaube an dich, und ich werde allen Leuten in der ganzen Welt sagen, daß du das einzige bist, worauf es ankommt. Bitte, bitte, lieber Herr Jesus!«

Das Granatfeuer zog weiter hinauf. Wir begannen, in unserem Graben zu arbeiten, und am Morgen ging die Sonne auf, und der Tag war heiß und schwül und erfreulich und ruhig.

Am nächsten Abend, hinten in Mestre, erzählte er dem Mädchen, mit dem er in die Villa Rossa hinaufging, nichts von Jesus.

Und er erzählte überhaupt keinem davon.

Ernest Hemingway

19. April

Der alte Fischer

Fischer waren draußen beim Fang mit ihrem Boot. Da kam ein Sturm auf. Sie fürchteten sich so sehr, daß sie die Ruder wegwarfen und den Himmel anflehten, sie zu retten. Aber das Boot wurde immer weiter weggetrieben vom Ufer.

Da sagte ein alter Fischer: »Was haben wir auch die Ruder weggeworfen! Zu Gott beten und zum Ufer rudern – nur dies beides zusammen kann da helfen.«

Leo N. Tolstoi

Göttliche Gerechtigkeit?

Die Gläubigen kamen in Scharen, um die Worte des Propheten zu hören. Ein Mann hörte besonders aufmerksam und andächtig zu, betete mit gläubiger Inbrunst und verabschiedete sich schließlich vom Propheten, als es Abend wurde.

Kaum war er draußen, kam er wieder zurückgerannt und schrie mit sich überschlagender Stimme: »O Herr! Heute morgen ritt ich auf meinem Kamel zu dir, um dich, den Propheten Gottes, zu hören. Jetzt ist das Kamel nicht mehr da. Weit und breit ist kein Kamel zu sehen. Ich war dir gehorsam, achtete auf jedes Wort deiner Rede und vertraute auf Gottes Allmacht. Jetzt ist mein Kamel fort! Ist das die göttliche Gerechtigkeit? Ist das die Belohnung meines Glaubens? Ist das der Dank für meine Gebete?«

Der Prophet hörte sich diese verzweifelten Worte an und antwortete mit einem gütigen Lächeln: »Glaube an Gott und binde dein Kamel fest.«

Aus Arabien

21. April

Die Lastkutscher

Beide kamen mit vollgeladenen Karren einher. Die Wege waren verschlammt, und beide Karren fuhren sich fest. Einer der beiden Kutscher war fromm. Er fiel dort im Schlamm auf die Knie und begann, Gott darum zu bitten, er möge ihm helfen. Er betete, betete, betete ohne Unterlaß und betrachtete dabei den Himmel. Währenddessen fluchte der andere, arbeitete aber. Er suchte sich Zweige, Blätter und Erde zusammen. Er schlug auf den Esel ein. Er schob am Karren. Er schimpfte, was das Zeug hielt.

Und da geschieht das Wunder: aus der Höhe steigt ein Engel nieder. Zur Überraschung der beiden Kutscher kommt er jedoch demjenigen zu Hilfe, der geflucht hat. Der arme Mann wird ganz verwirrt und ruft aus: »Entschuldige, das muß ein Irrtum sein. Sicher gilt die Hilfe dem anderen.« Aber der Engel sagt: »Nein, sie gilt dir. Gott hilft dem, der arbeitet.«

Natürlich werden wir daraus nicht den Schluß ziehen, es sei richtig, zu schimpfen, und es liege nichts Schlimmes darin, zu fluchen.

Aber derjenige, der Gott die Verantwortung für alles auflädt und nur betet und Gelübde ablegt, ohne Anstrengungen zu unternehmen, der hat das Christentum nicht verstanden. *Dom Helder Camara*

Der Dombau

Drei Bauarbeiter waren dabei, Steine zu behauen,
als ein Fremder zu ihnen trat
und den ersten Arbeiter fragte: »Was tun Sie da?«
»Sehen Sie das denn nicht?«
meinte der und sah nicht einmal auf. »Ich behaue Steine.«
»Und was tun Sie da?«
fragte der Fremde den zweiten.
Seufzend antwortete der:
»Ich muß Geld verdienen,
um für meine Familie Brot zu beschaffen.
Meine Familie ist groß.«
Der Fremde fragte auch einen dritten:
»Was tun Sie da?«
Dieser blickte hinauf in die Höhe
und antwortete leise und stolz:
»Ich baue einen Dom!«

Parabel

23. April

Wenn man gewinnen will

Wenn ein Bogenschütze um nichts schießt,
trifft er ins Schwarze.
Schießt er um einen Messingbecher,
wird er schon nervös.
Schießt er gar um einen Goldpokal,
sieht er zwei Schießscheiben,
oder er sieht gar nichts mehr.
Er ist nicht mehr er selbst.

Seine Geschicklichkeit ist unverändert.
Aber der Preis spaltet ihn:
Er strengt sich an,
er denkt mehr ans Gewinnen
denn ans Schießen,
und die Zwangsvorstellung:
Du muß unbedingt gewinnen! lähmt ihn,
und er schießt daneben.

Tschuang-Tse

24. April

Die Perle

Der Gelbe Kaiser reiste nordwärts vom Roten See, bestieg den Berg Kun-lun und schaute gegen Süden.

Auf der Heimfahrt verlor er seine Zauberperle. Er sandte Wissen aus, sie zu suchen, aber es fand sie nicht. Er sandte Klarsicht aus, aber sie fand sie nicht.

Er sandte Redegewalt aus, sie zu suchen, aber sie fand sie nicht. Endlich sandte er Absichtslos aus, und es fand sie. »Seltsam fürwahr«, sprach der Kaiser, »daß Absichtslos sie zu finden vermocht hat.«

Tschuang-Tse

Der Glockenspielständer

Khing, der Meister der Holzarbeiter, schnitzte einen Glockenspielständer. Als er vollendet war, schien das Werk allen, die es sahen, als sei es von Geistern geschaffen. Der Fürst von Lu fragte den Meister: »Welches ist dieses Geheimnis in deiner Kunst?«

»Dein Untertan ist nur ein Handwerker«, antwortete Khing, »was für ein Geheimnis könnte er besitzen? Und doch ist da etwas. Als ich daranging, den Glockenspielständer zu machen, hütete ich mich vor jeder Minderung meiner Lebenskraft. Ich sammelte mich, um meinen Geist zur unbedingten Ruhe zu bringen. Nach drei Tagen hatte ich allen Lohn, den ich erwerben könnte, vergessen. Nach fünf Tagen hatte ich allen Ruhm, den ich erwerben könnte, vergessen. Nach sieben Tagen hatte ich meine Kleider und meine Gestalt vergessen. Auch der Gedanke an deinen Hof, für den ich arbeiten sollte, war geschwunden.

Da sammelte sich meine Kunst, von keinem Außen mehr gestört. Nun ging ich in den Hochwald. Ich sah die Formen der Bäume an. Als ich einen erblickte, der die rechte Form hatte, erschien mir der Glockenspielständer, und ich ging ans Werk.

Hätte ich diesen Baum nicht gefunden, ich hätte die Arbeit lassen müssen.«

Tschuang-Tse

26. April

Mit den Augen des Malers

Eines Abends brach im Haus des Malers Cézannes Feuer aus.

Er packte Pinsel und Leinwand und begann zu malen. Er war ganz gefangen von dem farbigen Spiel der Flammen. Er beobachtete die Abstufung der Töne, er suchte Klarheit über das Rätsel der Lichter und Schatten.

Da kamen die Feuerwehrleute. Cézannes stellte sich ihnen entgegen: »Den ersten, der löscht, knalle ich nieder!«

Verfasser unbekannt

Gut gemalt

Ein berühmter Maler in Athen malte einmal einen Trauben tragenden Knaben und ahmte dabei die Früchte so täuschend nach, daß die Vögel in Scharen herbeigeflogen kamen, um an ihnen zu picken.

Alles war voll Bewunderung über diese naturgetreue Darstellung, mit Ausnahme des Künstlers selbst, der mit seiner Arbeit wenig zufrieden war.

»Hätte ich den Knaben gut gemalt«, erklärte er, »müßten sich die Vögel vor ihm fürchten.«

Aus Griechenland

Nach solchem Erlebnis!

Ein Kunstkenner besuchte einmal einen japanischen Kunsthändler.

Dieser zeigte ihm ein herrliches, auf Seide gemaltes Rollbild. Der Besucher war davon so beeindruckt, daß er versunken davor saß. Dann aber wurde er unruhig und wartete, in der Hoffnung, der Händler werde ihm noch weitere Bilder zeigen.

Der Händler bemerkte seine Ungeduld. Deshalb fragte er ihn: »Ist es nicht schön?« »O ja«, erwiderte der andere, »aber ich würde gern noch weitere Rollbilder sehen!« »Sind Sie denn tatsächlich noch in der Lage, nach solch einem Erlebnis weitere Kunstwerke zu betrachten?« fragte ihn der Kunsthändler erstaunt.

Wladimir Lindenberg

29. April

Die Kronen

Ein Heiliger trug eine goldene Krone.

Als er in den Himmel kam und sah, daß alle anderen Heiligen juwelenbesetzte Kronen trugen, fragte er: »Warum hat meine Krone keine Juwelen?«

Der Engel antwortete: »Weil du keine gegeben hast. Diese Juwelen sind die Tränen, welche die Heiligen auf Erden vergossen. Du hast keine Tränen geweint.«

»Wie konnte ich«, fragte der Heilige, »wo ich so glücklich war in der Liebe zu Gott?«

»Das ist viel«, sagte der Engel. »Hier ist deine Krone, sie ist aus Gold, aber Juwelen sind nur für die, die weinten.«

Französische Legende

Mai

Glaube, Hoffnung, Liebe

Wenn einer alle Sprachen der Menschen und sogar der Engel spricht, aber keine Liebe hat, ist er doch nur ein dröhnender Gong oder eine lärmende Pauke. Wenn einer göttliche Eingebungen hat und alle Geheimnisse Gottes kennt, wenn er den Glauben hat, der Berge versetzt, aber ohne Liebe ist, hat das alles keinen Wert.

Wenn einer seinen ganzen Besitz verteilt und den Feuertod auf sich nimmt, aber die Liebe nicht hat, ist alles umsonst.

Wer liebt, hat Geduld. Er ist gütig und ereifert sich nicht; er prahlt nicht und spielt sich nicht auf. Wer liebt ist nicht taktlos, selbstsüchtig und reizbar. Er trägt keinem etwas nach. Er freut sich nicht, wenn der andere Fehler macht, sondern wenn er das Rechte tut.

Alles wird aufhören; nur Glaube, Hoffnung und Liebe nicht. Diese drei bleiben; aber die Liebe steht am höchsten.

1. Korinther 13, 1-6.13, Gute Nachricht

1. Mai

Die Parabel vom Faden

Ein hoher Beamter fiel bei seinem König in Ungnade. Der König ließ ihn im obersten Raum eines Turmes einkerkern.

In einer mondhellen Nacht stand der Gefangene auf der Zinne des Turmes und schaute hinab. Da sah er seine Frau unten stehen. Gespannt blickte der Mann hinunter, um zu erkennen, was seine Frau tat.

Er wartete geduldig auf das, was kommen würde.

Die Frau hatte ein honigliebendes Insekt gefangen und die Fühler des Käfers mit Honig bestrichen. Dann befestigte sie das Ende eines Seidenfadens an dem Käfer und setzte ihn mit dem Kopf nach oben an die Turmmauer. Der Käfer kroch langsam dem Geruch des Honigs nach, immer nach oben, bis er schließlich dort ankam, wo der Gefangene stand. Der Mann war aufmerksam und sah das kleine Tier über die Rampe klettern. Er griff behutsam zu, löste den Seidenfaden und zog ihn langsam und vorsichtig zu sich empor.

Der Faden wurde immer schwerer, und als der Mann ihn ganz heraufgezogen hatte, sah er, daß ein Zwirnfaden daran geknotet war. Auch dieser Faden wurde immer schwerer. An seinem Ende war ein kräftiger Bindfaden festgemacht, an dessen Ende war eine starke Schnur befestigt und daran ein stabiles Seil.

Das Seil machte der Mann an einer Turmzinne fest, dann ließ er sich am Seil hinab und war frei.

Er ging mit seiner Frau schweigend in die stille Nacht hinein und verließ das Land des ungerechten Königs.

Parabel

Nur eine Taube

Sie waren plötzlich da. Sie kamen aus dem Wald und saßen auf den hohen Bäumen ringsum in den Gärten. Sie gurrten, turtelten und riefen. Es waren zwei schöne Wildtauben. Hellgraues Gefieder hatten sie und einen dunklen Ring um den Hals. Jemand sagte, es seien Türkentauben.

Eines Morgens fiel mir ihr immer wiederholtes Rufen auf. Eine Taube saß auf der Birke. Sie rief und rief. Dann flog sie auf den Rasen, hüpfte ein wenig hin und her, blieb sitzen, gurrte leise. Da sah ich, daß die zweite Taube reglos im Gras lag. Die lebendige stupste sie mit dem Schnabel, lockte, entfernte sich ein Stückchen, lockte wieder, wartete, kam zurück, beäugte die Tote, pickte sie zart.

Manchmal flog sie auf einen niedrigen Birkenast und rief. Später saß sie nur noch im Gras. Sie hielt Totenwache. Sie fraß nicht, sie trank nicht. Sie trauerte. – Als es dunkel war, war sie verschwunden.

Wir begruben die tote Taube im Garten. Sie war erschossen worden von einem Menschen, der sich durch das Gurren gestört fühlte.

Am nächsten Morgen war die einsame Taube wieder da. Sie suchte im Gras, flog auf den Wipfel der Birke, rief und klagte den ganzen Tag. Sie kam noch drei Tage, dann sahen wir sie nicht mehr.

Türkentauben, so heißt es, bleiben ihrem Ehegefährten ein Leben lang treu.

Barbara Hug

3. Mai

Morgens und abends zu lesen

Der, den ich liebe
Hat mir gesagt
Daß er mich braucht
Darum
Gebe ich auf mich acht
Sehe ich auf meinen Weg und
Fürchte mich vor jedem Regentropfen
Daß er mich erschlagen könnte.

Bertolt Brecht

4. Mai

Jeden Tag ein bißchen näher

»Bitte, zähme mich«, sagte der Fuchs. »Ich möchte wohl«, antwortete der kleine Prinz, »aber ich habe nicht viel Zeit. Ich muß Freunde finden und viele Dinge kennenlernen.«

»Man kennt nur die Dinge, die man zähmt«, sagte der Fuchs. »Die Menschen haben keine Zeit mehr, irgend etwas kennenzulernen. Sie kaufen sich alles fertig in den Geschäften. Aber da es keine Kaufläden für Freunde gibt, haben die Leute keine Freunde mehr. Wenn du einen Freund willst, so zähme mich!«

»Was muß ich da tun?« fragte der kleine Prinz. »Du mußt sehr geduldig sein«, antwortete der Fuchs. »Du setzt dich zuerst ein wenig abseits von mir ins Gras. Ich werde dich so verstohlen, so aus dem Augenwinkel anschauen, und du wirst nichts sagen. Die Sprache ist die Quelle der Mißverständnisse. Aber jeden Tag wirst du dich ein bißchen näher setzen können ... «

So machte denn der kleine Prinz den Fuchs mit sich vertraut.

Antoine de Saint-Exupéry

5. Mai

Der Drache

Die Lehrerin zeigt in der Schulstunde ein Bild von einem Krokodil.

»Wer kennt dieses große Tier?« fragt sie. Fast alle Kinder wissen es.

»Arnold«, sagt die Lehrerin, »weißt du's nicht?«

»Arnold, ein Drache!« flüstert der Nachbar Arnold ins Ohr. Und Arnold sagt doch tatsächlich: »Ein Drache ist das.«

Da lachen die Kinder laut. Dieser doofe Arnold!

Nur Christian lacht nicht. Christian ist nämlich Arnolds Freund.

Verfasser unbekannt

6. Mai

Schwierige Freundschaft

Ein Hund und ein Pferd waren befreundet.

Der Hund sparte dem Pferd die besten Knochen auf, das Pferd legte dem Hund die duftigsten Heubündel vor, und so wollte jeder dem anderen das Liebste tun, und so wurde keiner von beiden satt.

Alte Fabel

7. Mai

Der Blinde und der Lahme

Ein Blinder und ein Lahmer wurden von einem Waldbrand überrascht. Beide begannen zu fliehen, und der Blinde rannte geradewegs dem Feuer entgegen.

Da rief der Lahme: »Lauf nicht dorthin!« – »Wohin soll ich denn fliehen?« rief der Blinde verzweifelt. – »Ich könnte dir den Weg in die richtige Richtung zeigen, aber ich bin lahm und kann nicht gehen. Wenn du mich auf deinen Schultern trägst, kann ich dich am Feuer und allen anderen Gefahren vorbei leiten.«

Der Blinde richtete sich nach den Worten des Lahmen, und so gelangten die beiden wohlbehalten in die Stadt.

Aus Indien

Der Löwe und die Maus

Ein Löwe schlief im Schatten eines Baumes. Da lief ihm eine Maus aus Versehen über eine Pranke. Der Löwe wachte auf, packte die Maus und wollte sie in den Rachen stecken.

Nun aber sprach die Maus: »Was hast du schon von einem so winzigen Bissen? Laß mich laufen, und du gewinnst in mir einen Freund fürs Leben.«

Der Löwe hörte belustigt zu und sagte schließlich: »Dann lauf nur, kleiner Freund! Ich werde dich schon rufen, wenn ich dich brauche.«

Und so kam es: Eines Tages fing sich der Löwe in einem Netz, das sich immer mehr zusammenzog, je wütender der Löwe um sich schlug. Der Löwe brüllte laut in seiner Not. Da kam sogleich die Maus, und sie zernagte Masche um Masche und befreite ihren mächtigen Freund.

Alte Fabel

9. Mai

Die großen Leute

Die großen Leute haben eine Vorliebe für Zahlen. Wenn ihr ihnen von einem neuen Freund erzählt, befragen sie euch nie über das Wesentliche. Sie fragen euch nie: Wie ist der Klang seiner Stimme? Welche Spiele liebt er am meisten? Sammelt er Schmetterlinge? Sie fragen euch: Wie alt ist er? Wieviel Brüder hat er? Wieviel wiegt er? Wieviel verdient sein Vater? Dann erst glauben sie, ihn zu kennen.

Wenn ihr zu den großen Leuten sagt: Ich habe ein sehr schönes Haus mit roten Ziegeln gesehen, mit Geranien vor den Fenstern und Tauben auf dem Dach ... dann sind sie nicht imstande, sich dieses Haus vorzustellen. Man muß ihnen sagen: Ich habe ein Haus gesehen, das hunderttausend Franken wert ist. Dann schreien sie gleich: Ach, wie schön!

So sind sie. Man darf ihnen das auch nicht übelnehmen. Kinder müssen mit großen Leuten viel Nachsicht haben.

Antoine de Saint-Exupéry

Wort an Wort

Wir wohnen
Wort an Wort

Sag mir
dein liebstes
Freund

meines heißt
DU

Rose Ausländer

11. Mai

Wie man Menschen lieben soll

Rabbi Mosche Löb erzählte: Wie man Menschen lieben soll, habe ich von einem Bauern gelernt. Der saß mit anderen Bauern in einer Schenke und trank. Lange schwieg er, wie die anderen alle, als aber sein Herz vom Wein bewegt war, sprach er seinen Nachbarn an: »Sag du, liebst du mich, oder liebst du mich nicht?« Jener antwortete: »Ich liebe dich sehr.«

Er aber sprach wieder: »Du sagst: Ich liebe dich, und weißt doch nicht, was mir fehlt. Liebtest du mich in Wahrheit, so würdest du es wissen.«

Der andere vermochte kein Wort zu erwidern, und auch der Bauer, der gefragt hatte, schwieg wieder wie vorher.

Ich aber verstand: Das ist die Liebe zu den Menschen, ihr Bedürfnis zu spüren und ihr Leid zu tragen.

Martin Buber

Herr K. fährt Auto

Herr K. hatte gelernt, Auto zu fahren, fuhr aber zunächst noch nicht sehr gut.

»Ich habe erst gelernt, ein Auto zu fahren«, entschuldigte er sich.

»Man muß aber zweie fahren können, nämlich auch noch das Auto vor dem eigenen. Nur wenn man beobachtet, welches die Fahrverhältnisse für das Auto sind, das vor einem fährt, und seine Hindernisse beurteilt, weiß man, wie man in bezug auf dieses Auto verfahren muß.«

Bertolt Brecht

Zwei Kameraden

Zwei Kameraden gingen durch den Wald. Plötzlich sprang ein Bär hervor. Der eine lief weg und kletterte auf einen Baum, der andere blieb auf dem Pfad. Er warf sich auf die Erde und stellte sich tot,

Der Bär ging zu ihm und schnüffelte an ihm herum. Der Mann hörte sogar auf zu atmen.

Der Bär beroch sein Gesicht, glaubte, er sei tot, und ging dann weg.

Als der Bär weggegangen war, kam der andere vom Baum und lachte: »Na«, sagte er, »was hat der Bär dir ins Ohr gesagt?«

»Er hat mir gesagt, daß diejenigen böse Menschen sind, die in Gefahr ihren Kameraden im Stich lassen.«

Leo Tolstoi

14. Mai

Das Ende der Nacht

Ein Rabbi fragte seine Schüler: »Wann ist der Übergang von der Nacht zum Tag?«

Der erste Schüler antwortete: »Dann, wenn ich ein Haus von einem Baum unterscheiden kann.« – »Nein«, gab der Rabbi zur Antwort. »Dann, wenn ich einen Hund von einem Pferd unterscheiden kann«, versuchte der zweite Schüler eine Antwort. »Nein«, antwortete der Rabbi. Und so versuchten die Schüler nacheinander, eine Antwort auf die gestellte Frage zu finden.

Schließlich sagte der Rabbi: »Wenn du das Gesicht eines Menschen siehst, und du entdeckst darin das Gesicht deines Bruders oder deiner Schwester, dann ist die Nacht zu Ende und der Tag ist angebrochen.«

Martin Buber

15. Mai

Der Bruder

»Wird dir die Last nicht zu schwer?« wurde in Indien ein Mädchen gefragt, das seinen kranken Bruder auf der Schulter trug.

»Das ist keine Last, das ist mein Bruder«, antwortete die Schwester.

Aus Indien

Die schwierigsten Fälle

»Was sind deine schwierigsten Fälle?« fragte ich einen Gefängnispfarrer.

Die Antwort kam sofort und bestimmt: »Die schwierigsten Fälle im Gefängnis sind die, denen beim Wort ›Mutter‹ nichts Gutes einfällt.«

Verfasser unbekannt

17. Mai

Zurückgelassen

Zwei Mönche waren abends auf dem Heimweg ins Kloster. Am Flußufer trafen sie ein hübsches junges Mädchen, das verzweifelt nach einem Weg über den Strom suchte. Ohne lange zu fackeln, nahm der eine Mönch sie in die Arme und trug sie über die Furt. Drüben setzte er sie ab und ging weiter.

Das gab seinem Gefährten zu denken. Stundenlang grübelte er über das Benehmen seines Freundes nach, bis er sich schließlich an ihn wandte und sagte: »Du weißt doch, daß die Mönchsregeln uns streng verbieten, auch nur in der Nähe einer Frau zu verweilen, besonders wenn sie jung und hübsch ist. Wie konntest du dieses Mädchen nur so einfach auf die Arme nehmen?«

Erstaunt drehte sich der andere um und sagte: »Trägst du sie denn immer noch? Ich habe sie am Fluß zurückgelassen.«

Ein Zenmeister

Regeln

Es gab Regeln im Kloster, aber der Meister rief immer zur Vorsicht gegenüber der Tyrannei des Gesetzes auf: »Gehorsam hält die Regeln ein«, pflegte er zu sagen, »Liebe weiß, wann sie zu brechen sind.«

Anthony de Mello

19. Mai

Die Glasscherbe

Müde geht eine alte Frau durch den Stadtpark. Ihr Weg führt sie an einem Kinderspielplatz vorüber. Dort sind viele Kinder. Die meisten laufen barfuß. Vergnügt tummeln sie sich auf einem Sandhaufen. Ein Wärter steht in der Nähe und paßt auf.

Die alte Frau schaut den Kindern zu. Plötzlich bückt sie sich, hebt etwas auf und legt es in ihre Einkaufstasche. Gleich ist der Wärter an ihrer Seite und fragt: »Was haben Sie in Ihrer Tasche versteckt?«

Der Wärter denkt: »Sie hat vielleicht einen Geldbeutel gefunden und will ihn nicht abgeben.« Er droht: »Ich muß Sie mitnehmen, wenn Sie nicht sofort sagen, was Sie in der Tasche haben.«

Da greift die Frau in ihre Tasche und zeigt dem Wärter eine Glasscherbe. Erstaunt fragt der Mann: »Was wollen Sie damit anfangen?« –

»Ich dachte nur, ich will sie wegnehmen, damit die Kinder mit ihren bloßen Füßen nicht hineintreten«, sagte die alte Frau.

Leo Thurgau

Bunte Bälle

Sie war sehr arm, schmutzig und dumm. Grausam, wie Kinder sein können, ließen wir sie abseits stehen bei unseren Spielen und lachten sie aus.

Doch eines Tages überraschte uns das schmutzige, dumme Ding mit drei großen Netzen herrlicher, bunter Bälle. Staunend umstanden wir das Mädchen, hatten aber nur Augen für die bunte Pracht. Strahlend vor Glück verteilte sie Ball um Ball an uns, die wir doch immer so häßlich zu ihr gewesen waren. Wir jubelten, stritten und bettelten um die schönsten Bälle und liefen mit unserer Beute davon.

Nur ich sah mich noch einmal nach der verwahrlosten kleinen Gestalt um. Sie hatte keinen einzigen Ball für sich behalten. Auf ihrem Gesicht lag noch immer ein glückliches Lächeln. Es sah so seltsam aus, wie festgefroren. Wie versteinertes Glück.

Noch am selben Tag gingen Polizisten von Tür zu Tür. Die bunten Bälle wurden wieder mitgenommen. Sie waren gestohlen.

Verfasser unbekannt

21. Mai

Einsamkeit

Es gibt immer
einen noch einsameren
als dich

Sprichwort

22. Mai

Die Nachtigall

Ein Adler hörte einst viel Rühmens von der Nachtigall und hätte gern Gewißheit gehabt, ob alles auf Wahrheit beruhe.

Darum schickte er den Pfau und die Lerche aus. Sie wollten ihr Federkleid betrachten und ihren Gesang belauschen.

Als sie wiederkamen, sprach der Pfau: »Der Anblick ihres erbärmlichen Kittels hat mich so verdrossen, daß ich ihren Gesang gar nicht gehört habe.« Die Lerche sprach: »Ihr Gesang hat mich so entzückt, daß ich vergaß, auf ihr Federkleid zu achten.«

Alte Fabel

23. Mai

Wunderliche Leute

»Was machst du da?« fragte der kleine Prinz den Säufer, den er vor einer Reihe leerer und einer Reihe voller Flaschen sitzend antraf. »Ich trinke«, antwortete der Säufer mit düsterer Miene.

»Warum trinkst du?« fragte ihn der kleine Prinz. »Um zu vergessen«, antwortete der Säufer.

»Um was zu vergessen?« erkundigte sich der kleine Prinz, der ihn schon bedauerte. »Um zu vergessen, daß ich mich schäme«, gestand der Säufer und senkte den Kopf.

»Weshalb schämst du dich?« fragte der kleine Prinz, der den Wunsch hatte, ihm zu helfen. »Weil ich saufe«, endete der Säufer und verschloß sich endgültig in sein Schweigen.

Und der kleine Prinz verschwand bestürzt.

Die großen Leute sind entschieden sehr, sehr wunderlich, sagte er zu sich auf seiner Reise.

Antoine de Saint-Exupéry

Ich sprach mit vielen Leuten

Ich sprach auch mit vielen Leuten und hörte
Genau zu und hörte viele Meinungen
Und hörte viele von vielem sagen: das sei ganz sicher!
Aber zurückkehrend sprachen sie anders,
Als sie ehedem gesprochen hatten.
Und von dem andern sagten sie: das ist sicher.
Da sagte ich mir: von den sicheren Dingen
Das Sicherste ist der Zweifel

Bertolt Brecht

25. Mai

Die Blume und der Kolibri

Es war einmal eine kleine Blume, die stand mitten in der Wüste, war es nun eine Wüste aus Sand oder aus Stein oder aus Geld; jedenfalls war es eine Wüste.

Täglich wartete die kleine Blume auf einen Regentropfen. Immer hatte man ihr erzählt, wie wichtig und schön der Regen sei. Doch wenn es wirklich nach Regen roch, kamen die Geier und fingen alle Hoffnung ab.

Mit Mühe hielt sich die kleine Blume im lockeren Boden und hatte Angst. Angst vor der sengenden Hitze, Angst vor der Einsamkeit, Angst vor dem nächsten Sturm.

Ein Kolibri sah ihre Traurigkeit und sagte das den anderen Tieren weiter. Der Stier hatte kein Interesse. Für ihn galt nur, was stark war. Auch der Bernhardiner blieb kalt, ihn rührte nichts. Sein Hobby war die Langeweile. Und die Elster, die immer so große Töne schwang, sagte, sie habe zu viele Termine und keine Zeit.

Da schwirrte der Kolibri kurzentschlossen zu den Ameisen und berichtete ihnen von der großen Traurigkeit der kleinen Blume. Ohne zu zögern bildeten die kleinen Tiere eine lange Kette, schleppten Grassamen und Früchte bis an die Wurzel des Kummers, benetzten alles ein wenig mit Tau, und es dauerte nicht lange, da wuchs Leben mitten in der Wüste.

Und alles war nur möglich, weil der Kolibri die Ameisen benachrichtigte.

Peter Spangenberg

Die kleine Schraube

Es gab einmal in einem riesigen Schiff eine ganz kleine Schraube, die mit vielen anderen, ebenso kleinen Schrauben zwei große Stahlplatten miteinander verband.

Diese kleine Schraube fing an, bei der Fahrt mitten im Indischen Ozean etwas lockerer zu werden, und drohte herauszufallen. Da sagten die nächsten Schrauben zu ihr: »Wenn du herausfällst, dann gehen wir auch.« Und die Nägel unten am Schiffskörper sagten: »Uns wird es auch zu eng, wir lockern uns auch ein wenig.«

Als die großen eisernen Rippen das hörten, da riefen sie: »Um Gottes willen bleibt! Denn wenn ihr nicht mehr haltet, dann ist es um uns geschehen!«

Und das Gerücht von dem Vorhaben der kleinen Schraube verbreitete sich blitzschnell durch den ganzen riesigen Körper des Schiffes.

Er ächzte und erbebte in allen Fugen.

Da beschlossen sämtliche Rippen und Platten und Schrauben, und auch die kleinsten Nägel, eine gemeinsame Botschaft an die kleine Schraube zu senden, sie möge doch bleiben; denn sonst würde das ganze Schiff bersten und keine von ihnen die Heimat erreichen.

Das schmeichelte dem Stolz der kleinen Schraube, daß ihr solche ungeheure Bedeutung beigemessen wurde, und sie ließ sagen, sie wolle sitzenbleiben.

Verfasser unbekannt

27. Mai

Der Nagel

Ein Kaufmann hatte auf der Messe gute Geschäfte gemacht, alle Waren verkauft und seine Geldkatze mit Gold und Silber gespickt.

Er wollte jetzt heimreisen und vor Einbruch der Nacht zu Hause sein. Er packte also den Mantelsack mit dem Geld auf sein Pferd und ritt fort.

Zu Mittag rastete er in einer Stadt. Als er weiter wollte, führte ihm der Hausknecht das Roß vor, sprach aber: »Herr, am linken Hinterfuß fehlt am Hufeisen ein Nagel.« »Laß ihn fehlen«, erwiderte der Kaufmann, »die sechs Stunden, die ich noch zu machen habe, wird das Eisen wohl festhalten. Ich habe Eile.«

Nachmittags, als er wieder abgestiegen war und dem Pferd Brot geben ließ, kam der Knecht und sagte: »Herr, eurem Pferd fehlt am linken Hinterfuß ein Hufeisen.« »Laß es fehlen! Die paar Stunden, die noch übrig sind, wird das Pferd wohl aushalten. Ich habe Eile.« Er ritt fort. Aber nicht lange, so fing das Pferd zu hinken an. Es hinkte nicht lange, so fing es an zu stolpern, und es stolperte nicht lange, so fiel es nieder und brach ein Bein.

Der Kaufmann mußte das Pferd liegenlassen, den Mantelsack abschnallen, auf die Schulter nehmen und zu Fuß nach Hause gehen, wo er erst spät in der Nacht anlangte.

Brüder Grimm

28. Mai

Stimmt das?

Um Zeit zu sparen, ging ich einen Abkürzungsweg durch den Park.

Da hockte ein kleiner Junge mitten auf meinem Weg und betrachtete etwas mit großer Aufmerksamkeit. Es war eine Ameisenstraße.

Einen Augenblick blieb ich stehen und sah hinab auf winzige, fremde, geräuschlose, höchst lebendige Wesen. Mitbewohner unserer Erde, an denen ich bisher achtlos vorbeigegangen war.

Der Junge, acht oder neun Jahre alt, sah mich ernsthaft an und sagte: »Das sind sehr interessante Tiere. Ich habe gelesen, daß es Ameisen noch geben wird, wenn die Menschen längst ausgestorben sind. Stimmt das?«

So plötzlich mit dem Aussterben der Menschheit konfrontiert, antwortete ich: »Vielleicht in vielen tausend Jahren. Aber jetzt leben wir hoffentlich noch lange gemeinsam auf unserer Erde.« Dann ging ich weiter, vorsichtig auf meine Schritte achtend, damit ich keine Ameise zertrat.

Barbara Hug

Kirschblüte

Der Kirschblüte ist der Sommer
versprochen, aber haben wir,
abgesehen davon, daß es
hageln könnte, daß die Biene
nicht fliegt, daß die Luft sich
vergiftet, daß ein Krieg gegen
Kirschbäume ausbricht, daß die
Sonne kalt wird, haben wir,
frage ich, noch so viel Zeit?

Rudolf Otto Wiemer

Segenswunsch

Mögen sich die Wege vor deinen Füßen ebnen,
mögest du den Wind im Rücken haben,
möge die Sonne warm dein Gesicht bescheinen,
mögen die Regentropfen sanft auf deine Felder fallen,
und, bis wir uns wiedersehen,
möge Gott seine schützende Hand über dir halten.

Aus Irland

Juni

Freude

Herr, ich werfe meine Freude wie Vögel an den Himmel,
Die Nacht ist verflattert, und ich freue mich am Licht.
Deine Sonne hat den Tau weggebrannt
vom Gras und von unseren Herzen.
Was aus uns kommt und was in uns ist an diesem Morgen –
alles ist Dank.

Herr, ich bin fröhlich heute am Morgen.
Die Vögel und die Engel jubilieren, und ich singe auch.
Das All und unsere Herzen sind offen für deine Gnade.
Ich fühle meinen Körper und danke.
Die Sonne brennt meine Haut, ich danke.
Das Meer rollt gegen den Strand, ich danke.
Die Gischt klatscht gegen unser Haus, ich danke.

Herr, ich freue mich an der Schöpfung,
und daß du dahinter bist
und daneben und davor und darüber und in uns.
Ich werfe meine Freude wie Vögel an den Himmel.
Ein neuer Tag,
der glitzert und knistert, knallt und jubiliert
von deiner Liebe.
Jeden Tag machst du. Halleluja, Herr!

Fritz Pawelzik

1. Juni

Wunder der Bäume

Ich dachte, ich würde sie kennen, bis ich eines Tages das Wunder sah. Sie standen mit ihren Füßen auf demselben Boden, erhoben ihren Kopf in dieselbe Luft, in dieselbe Sonne und denselben Regen. Und der Apfelbaum trug Äpfel, und der Birnbaum, zehn Meter weiter, trug Birnen.

Ganz normal, sagten die Menschen. Aber ich konnte meinen Augen nicht glauben. Was sie aus demselben Boden holten, aus derselben Luft, aus derselben Sonne und demselben Regen, daraus machte der eine Baum Birnen und der andere, zehn Meter weiter, Äpfel. Und die sind ganz verschieden in Form, Farbe, Geruch, Geschmack.

So ein Wunder hatte ich noch nie gesehen.

Phil Bosmans

Nichts als Nebel

Im Sommer warteten fünfzig Urlauber eines Busses aus Flensburg einen ganzen Tag lang am Großglockner, um diesen zu sehen. Sie sahen indessen nur Nebel und Wolken und graues Geröll und ein wenig Schnee. Sosehr sie auch schauten mit Augen und Gläsern, es war nichts zu sehen.

Jedoch zu zweifeln an diesem Berg, an seinem realen Vorhandensein, sah keiner sich abends genötigt, als sie den Bus dann bestiegen.

Selbst Herr Koch, der ansonsten nur glaubt, was er sieht (mit eigenen Augen), sonst nichts, hatte fünf Ansichten des großen Glockners in Farben gekauft und schrieb hintendrauf von unvergeßlichen Eindrücken. Und hatte selber gar nichts gesehen als Nebel.

Lothar Zenetti

Die Pfingsttaube

In einer sizilianischen Bergstadt liebte es ein Pfarrer, die Geheimnisse Gottes möglichst sichtbar zu machen. So ließ er durch den Kirchendiener gleich nach dem Pfingstevangelium eine Taube in die Luft werfen. Nicht den Heiligen Geist selbst, aber seine Symbolgestalt. Und alle wußten: Wem sich die Taube auf die Schulter oder den Kopf setzt, dem ist eine besondere Erleuchtung gewiß.

Vor einigen Jahren war die Taube dem Seminarlehrer auf die Schulter geflogen, und er hatte danach ein geistvolles Buch geschrieben. Einmal hatte sie sich dem jungen, eingebildeten Grafen auf den Kopf gesetzt, und der ließ eine neue Wasserleitung bauen, oder der undurchsichtige Verwalter des Armenhauses faßte den Entschluß, mit unterschlagenen Geldern eine Kapelle errichten zu lassen.

Dann kam ein neuer Pfarrer, der hielt nichts von diesem Aberglauben und nannte die Taube einfach »Vogel«. Er wollte den Flug der weißen Taube am Pfingstfest nicht kurzerhand verbieten, ordnete aber an, daß alle Fenster und Türen offenstehen müßten. Doch nützte die Taube keins dieser Schlupflöcher, sondern flog dreimal hin und her und setzte sich dann dem neuen Pfarrer auf die Schulter. Ihm war das sehr peinlich, aber das ganze Kirchenvolk geriet vor Freude außer sich und wartete auf die Erleuchtung.

Nach Karl Springenschmidt

Das Wunder

Glaubst Du an Wunder?
Ja.
Jaaa? Hast Du so etwas schon einmal erlebt?
Ein Wunder?
Ja.
Welches?
Dich.
Ich? Ein Wunder?
Natürlich.
Wieso?
Du atmest. Du hast eine warme Haut. Dein Herz klopft. Du kannst sehen. Du kannst hören. Laufen. Essen. Springen. Singen. Lachen. Weinen.
Ooooch. Das ...

Hinni

5. Juni

Ein guter Rat

Im Bus, auf der Heimfahrt von der Schule, sprachen zwei Neunjährige über ihr mißratenes Diktat und die sich daraus eventuell ergebenden Folgen.

»Wahrscheinlich muß ich jeden Tag ein Diktat schreiben, und mein Vater verhaut mich«, sagte der eine Junge. »Das macht meiner auch«, klagte der andere und stellte Überlegungen an, wie er den Hosenboden schmerzlindernd polstern könne.

Der Freund sagte: »Das klappt nie. Ich mach das anders. Ich denke ganz stark an was Schönes, dann spüre ich fast nichts. Versuch das auch mal.« »Hilft das?« fragte der andere zweifelnd und bekam die überzeugte Antwort: »Immer.«

Der Bus hielt. Die beiden stiegen aus.

Ein Mann, der neben mir saß und den ich nicht kannte, sagte zu mir: »Ein guter Rat, der auch für andere Schicksalsschläge und für Erwachsene gilt.«

Barbara Hug

Sieh sie einfach an!

Eine fernöstliche Stadt war im Meer versunken. Nach der Überlieferung ertönten die tausend Glocken ihrer Tempel weiterhin, unaufhörlich, und jeder konnte es hören, der aufmerksam lauschte. Tausende von Meilen reiste ein junger Mann, um dieses Wunder zu hören. Tagelang saß er an der Küste und lauschte – mit allen Fasern seines Herzens. Aber er hörte nur die sich brechenden Wellen. Er bemühte sich, das Brausen zu verdrängen, damit er die Glocken hören könnte. Aber vergeblich, das Rauschen schien das Universum zu erfüllen. Entmutigt beschloß er, den Versuch aufzugeben.

Vielleicht war es ihm nicht bestimmt, zu den Glücklichen zu gehören, die die Glocken vernehmen konnten? Vielleicht stimmte die Legende nicht? Er wollte zurückkehren und seinen Mißerfolg eingestehen.

Am letzten Tag ging er zum Strand, um sich von der See zu verabschieden. Er lag im Sand, blickte in den Himmel und lauschte dem Rauschen des Meeres. Er gab sich ihm hin. Bald hatte er sich so in diesen Klang verloren, daß er sich seiner selbst kaum mehr bewußt war, so tief war die Stille in seinem Herzen geworden. In der Tiefe dieser Stille hörte er es! Das helle Klingen einer Glocke, und bald ertönten alle tausend Tempelglocken in wunderbarem Zusammenklang, und sein Herz war außer sich vor Freude und Staunen.

Wenn du die Tempelglocken hören willst, lausche dem Klang des Meeres. Wenn du Gott sehen willst, sieh dir die Schöpfung mit offenen Augen an. Lehne sie nicht ab, grübele nicht darüber nach. Sieh sie dir einfach an.

Anthony de Mello

7. Juni

Was das Glück zerstört

Es war im alten China. Der große Meister, Meng Tse, stand mit seinem Lieblingsschüler an einem Spielplatz, auf dem die Kinder spielten, als der Schüler wissen wollte: »Wie kommt es, daß alle Menschen glücklich sein wollen und es doch nicht werden!« Meng Tse zeigte auf die spielenden Kinder: »Ich denke, sie sind glücklich.«

»Es sind Kinder und sie spielen. Wie ist es aber um das Glück der Erwachsenen bestellt?« – »Wie um das Glück der Kinder – genauso«, entgegnete Meng Tse, holte aus dem weiten Ärmel seines Gewandes eine Handvoll Kupfermünzen und warf sie unter die Kinder.

Da verstummte plötzlich das fröhliche Lachen, das Spiel hörte auf, die Kinder stürzten sich auf die Münzen, um sie zu erhaschen. Sie lagen auf dem Boden und rauften um das Geld. Geschrei und Gezeter ertönten.

Meng Tse fragte: »Was hat nun das Glück der Kinder zerstört?« – »Der Streit«, erwiderte der Schüler. – »Und was erzeugte den Streit?« – »Die Gier.«

»Da hast du die Antwort auf deine Frage, wie es kommt, daß alle Menschen glücklich sein wollen und es doch nicht werden«, sagte Meng Tse.

Aus China

Die Zaubermünze

Es gab einmal eine Stadt, in der lebten sehr geschäftige Menschen. Die sagten stets »Ich« und waren sehr ernst und liefen hinter dem Geld und hinter der Zeit her. Sie sahen ihre Mitmenschen kaum, höchstens, wenn sie ihnen im Wege waren. Dann waren sie sehr böse.

Sie besaßen fast alles. Doch eins war ihnen abhanden gekommen: das Lächeln. Und alles war sehr traurig.

Da sprach jemand zu sich: Eine solche Welt ist unmenschlich. Ich werde sie ändern. Er holte aus dem Schubfach ein Erbstück, eine goldene Münze. Er ging in die Fußgängerzone und schenkte die Münze einem Kind. Einfach so. »Für dich«, sagte er. Da schaute das Kind sehr verwundert und lief glücklich davon. »Ich habe das Kind froh gemacht«, dachte der Mann und freute sich.

»Schau, was ich habe«, sagte das Kind und schenkte das Goldstück der Mutter. Da sah das Kind, wie die Mutter sich freute, und es freute sich mit. Und die Mutter schenkte die Münze einem armen Mann. Und der fand einen, der noch ärmer war. Und überall, wohin die Münze kam, da kam die Freude mit.

Wie eine ansteckende Gesundung ging's durch den Ort. Das Bild der Stadt änderte sich langsam von Tag zu Tag. Die Münze wurde zum Zeichen der Liebe. Und dieses hatte verwandelnde Kraft und machte die Stadt zu einem Ort glücklicher Menschen.

Karl Tilke

9. Juni

Die singenden Sterne

In einer italienischen Nacht sitzen wir auf dem Dach unseres Hauses. Auf einmal fangen die Grillen im Chor an zu geigen, die in der Dämmerung geschwiegen. Da sagt die Mutter: »Die Kinder müssen ins Bett!« »Still, Mutter«, sagt Edgar, der Jüngste, »die Sterne fangen an zu singen, da müssen auch die Muttern still sein.«

Manni lacht mir leise ins Ohr: »Vater, ist der Edgar dumm, der meint, die Sterne singen, un dat tun die Grillo!« Edgar sagt: »Nein, die Sterne singen, dann müssen auch die Mannis still sein!« Manni lacht leise: »Un et sin doch die Grillo! Sterne können doch nit singen!« »Nein, Manni, wenn die Sterne singen, dann müssen auch die Grillo still sein!« sagt der Kleine ernst, und wir lauschen alle zusammen auf den Gesang, der aus den Gärten quillt, zum nachtblauen Himmel steigt und niedersinkt in unser Schweigen.

Der Kleine lallt in das Schweigen hinein: »Die ganze Welt ist still, wenn die Sterne singen.« Nun lacht keiner mehr, niemand widerspricht.

Viele Abende sanken ins Meer, aber nie stieg eine solche Nacht auf, ohne Zeit und ewig. Andächtig schaut der Junge ins Weltall hinauf. Durch ihn und uns alle geht die Zeit hin. Die Nacht, der Mond, die Pinien, die weißen Häuser, die Gärten und das Meer, das Silbrige in der Ferne. Sind das Grillen, die durch die Nacht zirpen? Der Junge hat recht: Die Sterne singen.

Heinrich Lersch

Das Schönste

Schön ist alles,
was Himmel und Erde verbindet:
der Regenbogen, die Sternschnuppe,
der Tau, die Schneeflocken –
doch am schönsten ist
das Lächeln eines Kindes,
das die himmlischen Wiesen
noch nicht vergessen hat.

Zenta Maurina

11. Juni

Der Pfirsich

Es war an einem Sommerabend. Den ganzen Tag über hatte eine drückende Hitze geherrscht, und ich kleiner Bub von drei Jahren konnte keinen Schlaf finden.

Die Dienstfrau nahm mich auf den Arm und trug mich in den kühlen Obstgarten. Ein schöner Baum mit tiefhängenden Ästen streckte uns seine Früchte entgegen.

»Willst du einen Pfirsich? Welchen möchtest du?« fragte mich die gute Frau.

»Diesen da!« Ich zeigte auf den dicksten.

Sie brach in herzliches Lachen aus. »Diesen Pfirsich da, kleiner Pierre – niemand in der Welt kann ihn dir geben.«

Es war der Mond.

Pierre Teilhard de Chardin

Das Kind sagt:

Ich will groß sein,
ich will mir ein Haus bauen aus Luft
und einen Garten machen aus Löwenzahn,
Lieder sollen darin wachsen,
die ich jeden Tag esse,
und ich will reich sein wie ein Kuckuck,
dem der ganze Wald gehört,
und ich will viele Kinder haben,
die schicke ich in die Schule,
damit sie den Krieg verlernen
und wissen, wie man ein Gewehr
aus Lachen macht und eine Kugel
aus Wind und einen Vater, der nie
fortgeht.

Rudolf Otto Wiemer

13. Juni

Der Garten

»Mein Garten ist wie ein Wald«, sagte Joschi. »Ringsherum ist alles zugewachsen, man kann nicht hineinsehen. In der Mitte ist eine Wiese mit Blumen, aber es gibt keinen Weg und keine Beete. Ein Bach läuft mittendurch. Am Ufer wachsen solche Blumen wie diese dort.«

»Schwertlilien?« fragte die Frau

»So ähnliche«, sagte Joschi. »Und dann habe ich eine Hütte in meinem Garten, nein, eigentlich zwei. Eine ist oben in einem Baum, man muß an einer Strickleiter hinaufklettern. Die andere steht zwischen den Bäumen in meinem Wald. Daneben ist der Gemüsegarten, da habe ich Radieschen und Salat gepflanzt und auch ein paar Kartoffeln. Abends ist es besonders schön. Dann rauschen die Bäume und ich sitze mit meinen Freunden am Feuer.«

»Du mußt ja auch zur Schule gehen«, sagte die Frau. »Ja«, sagte er, »natürlich.« »Und deine Eltern erlauben dir, daß du ganz allein im Garten schläfst?

»Ich habe doch gar keinen Garten«, sagte Joschi.

Ursula Wölfel

Pessimismus

Das Haus lag am Hang, ganz versteckt hinter blühenden Kirschbäumen. Die junge Frau, die dort einen Brief abgeben wollte, blickte glücklich auf die weißen Bäume unter dem blauen Himmel, öffnete die Gartentür und stieg den Hang hinauf.

»Welch eine Pracht!« dachte sie. »Bei uns sind die Bäume noch nicht so weit, aber hier ist's wie im Märchen.« Die Sonne schien, die Bienen summten, hin und wieder wehte eine Blüte aus den weißen Schleiern auf den Weg.

Wie berauscht kam die Besucherin vor der Haustür an. Angefüllt mit Freude, Licht und Frühling, strahlte sie die Frau an, die ihr öffnete, und sagte: »So etwas Schönes habe ich mein ganzes Leben lang noch nie gesehen! Wie glücklich müssen Sie sein, hier wohnen zu können!«

Die Frau würdigte die Blütenpracht keines Blickes, sah verweisend auf die begeisterte Fremde und sagte mit grämlicher Stimme: »Ich fürchte mich schon heute vor der Ernte!«

Barbara Hug

15. Juni

Die Rose

Rainer Maria Rilke ging in der Zeit seines Pariser Aufenthaltes regelmäßig über einen Platz, an dem eine Bettlerin saß, die um Geld anhielt. Ohne je aufzublicken, ohne ein Zeichen des Bittens oder Dankens zu äußern, saß die Frau immer am gleichen Ort.

Rilke gab nie etwas, seine französische Begleiterin warf ihr häufig ein Geldstück hin. Eines Tages fragte die Französin verwundert, warum er nichts gebe. Rilke antwortete: »Wir müßten ihrem Herzen schenken, nicht ihrer Hand.«

Wenige Tage später brachte Rilke eine eben aufgeblühte weiße Rose mit, legte sie in die offene, abgezehrte Hand der Bettlerin und wollte weitergehen. Da geschah das Unerwartete: Die Bettlerin blickte auf, sah den Geber, erhob sich mühsam von der Erde, tastete nach der Hand des fremden Mannes, küßte sie und ging mit der Rose davon.

Eine Woche lang war die Alte verschwunden; der Platz, an dem sie vorher gebettelt hatte, blieb leer.

Nach acht Tagen saß sie plötzlich wieder an der gewohnten Stelle. Sie war stumm wie damals, wiederum nur wieder ihre Bedürftigkeit zeigend durch die ausgestreckte Hand.

»Aber wovon hat sie denn in all den Tagen gelebt?« fragte die Französin. Rilke antwortete: »Von der Rose ... «

Verfasser unbekannt

Das Hemd des Glücklichen

Ein König war krank und ließ im Land verkünden, er wolle die Hälfte seines Reiches dem geben, der ihm Heilung bringe. Da versammelten sich die weisen Männer und beratschlagten, wie der König zu heilen wäre. Doch keiner wußte ein Mittel zu nennen. Nur einer meinte, es sei dennoch Hilfe möglich. Er sagte: Wenn man einen Menschen fände, der vollkommen glücklich wäre, diesem das Hemd auszöge und es den König anziehen ließe, so würde der Kranke genesen.

Sogleich wurden Boten entsandt, einen solchen Glücklichen zu suchen, und der Sohn des Königs zog ihnen voran. Aber sie konnten keinen Menschen finden, der mit seinem Schicksal zufrieden gewesen wäre. War einer reich, so litt er Krankheit und Schmerzen; war ein anderer gesund, so drückten ihn Armut und Not. Und fehlte einem dritten auch nichts, erfreute er sich der Gesundheit und hatte er Geld die Fülle, so keifte im Hause eine böse Frau und ungeratene Kinder machten ihm Sorge. Kurz, jeder klagte über sein Los und schalt es ungerecht.

Eines Abends aber ging der Sohn des Königs an einer Hütte vorbei und hörte drinnen einen Menschen so zu sich selber sprechen: »Nun hab ich meine Arbeit getan, hab mich sattgegessen und sattgetrunken und gehe schlafen; was fehlt mir noch? Ich bin der glücklichste Mensch.«

Wie der Prinz diese Worte vernahm, ward er voll großer Freude und wollte das Hemd des Glücklichen für seinen

Vater haben. Dem Armen sollte man Geld geben, wieviel er nur haben wollte.

Die Diener des Königs kamen zu dem Glücklichen und wollten ihm das Hemd ausziehen; allein – der Fröhliche war so arm, daß er nicht einmal ein Hemd am Leibe hatte.

Emanuel bin Gorion

Wozu sind eigentlich Mücken da?

Das fragte mich meine sechsjährige Tochter. Ich erklärte ihr, daß Mücken die Nahrung der Frösche bilden.

»Ach ja«, sagte sie, »und die sind für den Storch da, damit er sie fressen kann.«

»Aber wozu gibt es eigentlich Störche?« fragte ich und meinte, die Antwort würde sie mir schuldig bleiben.

Ganz selbstverständlich antwortete sie: »Damit wir uns darüber freuen können!«

Gottfried Mahlke

18. Juni

Die Ameise

Im übervollen Autobus zog ein Kind die Aufmerksamkeit auf sich, das mit unendlicher Sorge ein Stück Holz in der Hand trug. Eine Dame hielt es nicht länger aus: Sie fragte, womit dieses nichtssagende Holzstück soviel Sorgfalt verdiene.

Das Kind erklärte: »Ich führe eine kleine Ameise, meine liebste Freundin, spazieren. Das ist ihre erste Busfahrt.«

Als der Bub ausstieg, folgte ich ihm. Ich habe ihm bekannt, daß auch ich die kleinen Ameisen liebe. Und ich habe ihm von dem einzigen Mißverständnis erzählt, das es zwischen ihnen und mir gegeben hat. Eines Nachts hatten die kleinen Ameisen bei uns zu Hause den Rosenstock aufgefressen. Am folgenden Tag erwischte ich Sonja, eine rote kleine Ameise, eine der gescheitesten, deren ich in meinem Leben begegnet bin. Trotz meiner Wut habe ich sie nicht zerdrückt, denn Gott behütete mich wohl vor meiner Wut, aber ich hielt sie gut fest. Ich wollte wissen, warum sie in einer einzigen Nacht meinen Rosenstock aufgefressen hatten.

Klein Sonja entgegnete: »Glauben Sie denn, Sie seien der einzige, der Rosen liebt?«

19. Juni

Zunächst war ich verblüfft, aber dann erwiderte ich: »Das ist mir eine schöne Art zu lieben: auffressen!«

Dom Helder Camara

Vergessen

Leise vor sich hinweinend und in sich hineinschimpfend, kommt Martin durch den Gemüsegarten aufs Haus zu.

Wie er zufällig einmal aufblickt, sieht er, daß die Mutter ihn vom Küchenfenster aus beobachtet. Sofort wird aus dem Weinen ein jämmerliches Gebrüll.

»Aber Martin, was ist denn los?«

»Uhuhuuu uhuhuuu . . . !«

»Na, na, was hast du denn?« – »Ich habe mir so gestoßen! Uhuuu . . . !«

»Hör erst einmal auf zu weinen. Du! Martin!« – »Wenn es aber doch so schreeeecklich weh tut!«

»Wo tut es dir denn weh?« – »Das weiß ich doch nicht mehr! Huhuhuuu!«

Manfred Hausmann

20. Juni

Die Zeit ausnützen

Es sitzt ein Vogel auf dem Leim,
er flattert sehr und kann nicht heim.
Ein schwarzer Kater schleicht herzu,
die Krallen scharf, die Augen gluh.
Am Baum hinauf und immer höher
kommt er dem armen Vogel näher.
Der Vogel denkt: Weil das so ist
und weil mich doch der Kater frißt,
so will ich keine Zeit verlieren,
will noch ein wenig quinquilieren
und lustig pfeifen wie zuvor.
Der Vogel, scheint mir, hat Humor.

Wilhelm Busch

21. Juni

Um mich zu erfreuen

Als der Weise ostwärts zum Ozean reiste,
begegnete er Yüan-Feng am östlichen Meer.
»Wohin des Wegs?« rief der ihm zu.
»Ich gehe zum Ozean«, antwortete der Weise.
»Was willst du da tun?« fragte Yüan-Feng.
»Tun?« sagte der Weise.
»Der Ozean ist kein Ding,
das du durch Eingießen füllen
oder durch Ausschöpfen leeren kannst.
Ich gehe zu ihm,
um mich an ihm zu erfreuen.«

Tschuang-Tse

22. Juni

Raupe und Schmetterling

Eines Tages schwebte ein Schmetterling von unvergleichlicher Schönheit über einer Blume. Eine erbarmungswürdige Raupe kroch über die Erde, welche zu dieser Blume gehörte.

Der Schmetterling sagt zu ihr: »Ist das da eine Raupe?« Sie sagt zu ihm: »Ja!« Da ruft der Schmetterling: »Warum gehst du Schmutzige auf meinem Weg? Pfui! Sieh, wie schön ich bin! Wahrlich, Gott hat uns nicht denselben Ursprung gegeben. Ich schwebe zum Himmel auf, du kennst nur die Erde!«

Da sprach die Raupe: »Schmetterling, prahle hier nicht! All dein Farbenschmelz gibt dir kein Recht, mich zu beleidigen. Wir haben einen Ursprung. Wenn du mich beschimpfst, beschimpfst du deine Mutter. Die Raupe stammt vom Schmetterling, der Schmetterling von der Raupe!«

Afrikanisches Märchen

23. Juni

Wer bin ich?

Ich träumte einst, ich sei ein Schmetterling, ein hin und her flatternder, in allen Zwecken und Zielen ein Schmetterling. Ich wußte nur, daß ich meinen Launen wie ein Schmetterling folgte, und war meines Menschenwesens unbewußt.

Plötzlich erwachte ich; und da lag ich: wieder »ich selbst«. Nun weiß ich nicht: war ich da ein Mensch, der träumt, er sei ein Schmetterling, oder bin ich jetzt ein Schmetterling, der träumt, er sei ein Mensch?

Tschuang-Tse

Träume

Es war einmal ein Prinz, weit drüben im Märchenland. Weil der ein Träumer war, liebte er es sehr, auf einer Wiese, nahe dem Schlosse zu liegen und träumend in den blauen Himmel zu starren. Denn auf dieser Wiese blühten die Blumen größer und schöner denn sonstwo. – Und der Prinz träumte von weißen, weißen Schlössern mit hohen Spiegelfenstern und leuchtenden Söllern.

Es geschah aber, daß der alte König starb. Nun wurde der Prinz sein Nachfolger. Und der neue König stand nun oft auf den leuchtenden Söllern von weißen, weißen Schlössern mit hohen Spiegelfenstern. Und er träumte von einer kleinen Wiese, wo die Blumen größer und schöner blühten denn sonstwo.

Bertolt Brecht

25. Juni

Juni in Berlin

Lieber Gott, die Linden blühn!
Lieber Gott, was hab ich getan,
Daß ich in Mauern wohnen muß?
Draußen im Land deine Bäume sind grün,
Hier hängt alles voller Ruß.

Ich kaufte mir eine Rose um Geld –
Rosen sind besser als Brot.
Ich habe sie neben mein Kissen gestellt,
Sie blüht und duftet sich tot.

Lieber Gott, in mein Zimmer
Scheint jetzt der Mond –
Ach, warum hab ich immer,
Immer in Städten gewohnt?

Ina Seidel

Zuversicht

Halte dich fest an Gott!
Mache es wie der Vogel,
der nicht aufhört zu singen,
auch wenn der Ast bricht.
Denn er weiß, daß er Flügel hat.

Johannes Bosco

27. Juni

Täglich zu singen

Ich danke Gott und freue mich,
Wie's Kind zur Weihnachtsgabe,
Daß ich bin, bin! Und daß ich dich,
schön menschlich Antlitz habe;

Daß ich die Sonne, Berg und Meer,
Und Laub und Gras kann sehen,
Und abends unterm Sternenheer
Und lieben Monde gehen.

Gott gebe mir nur jeden Tag
Soviel ich b'darf zum Leben.
Er gibt's dem Sperling auf dem Dach;
Wie sollt er's mir nicht geben!

Matthias Claudius

Ich traf nur Wilkins

An einem der letzten Abende hatte ich wirklich Glück.

Ich meine damit nicht, daß ich Geld gewonnen hätte oder sowas. Nein. Ich traf nur Wilkins.

Er machte einen kleinen Spaziergang, und ich machte einen kleinen Spaziergang, und da trafen wir uns, und wir standen und unterhielten uns, und die Abendsonne schien noch warm, und ein Vogel sang über uns, und die Welt war friedlich und schön. Wir redeten über dies und das, und die Zeit verging wie im Flug.

Wir lachten ein bißchen zusammen und bedauerten einen gemeinsamen Freund, der krank ist – und dann ging jeder nach Hause. Das war alles.

Aber es tat wirklich gut, Wilkins so unerwartet zu treffen und miteinander zu reden und einander sympathisch zu finden.

Es klingt nicht nach viel, oder? Aber ich genoß es ...

H. L. Gee

29. Juni

Vom Grüßen

Und da gibt es welche,
die grüßen mich nur,
weil sie meinen, sie müßten.
Das macht mich traurig,
denn ich mag nicht
gegrüßt werden von Leuten,
die glauben, sie müßten.
Und da gibt es welche,
die winken von weitem
und bleiben stehen
und rufen etwas über die Straße herüber.
Und da gibt es welche,
wenn man die trifft,
fällt eine Last von Sorgen von uns.
Wenn man die trifft,
geht die Sonne auf.

Verfasser unbekannt

Juli

Ein Gleichnis

Ein Mann hatte zwei Söhne. Der jüngere sagte zu seinem Vater: »Gib mir den Teil der Erbschaft, der mir zusteht!« Da teilte der Vater seinen Besitz unter die beiden auf.

Nach ein paar Tagen machte der jüngere Sohn seinen ganzen Anteil zu Geld und zog in die Fremde. Dort lebte er in Saus und Braus und verjubelte alles.

Als er nichts mehr hatte, brach in jenem Land eine große Hungersnot aus; da ging es ihm schlecht. Er fand schließlich Arbeit bei einem Bürger jenes Landes, der schickte ihn zum Schweinehüten aufs Feld. Er war so hungrig, daß er auch mit dem Schweinefutter zufrieden gewesen wäre; aber selbst das verwehrte man ihm.

Endlich ging er in sich und sagte sich: »Die Arbeiter meines Vaters bekommen mehr, als sie essen können, und ich werde hier noch vor Hunger umkommen. Ich will zu meinem Vater gehen und zu ihm sagen: ›Vater, ich bin vor Gott und vor dir schuldig geworden; ich verdiene es nicht mehr, dein Sohn zu sein. Laß mich als einfachen Arbeiter bei dir bleiben‹.« So machte er sich auf den Weg zu seinem Vater.

Der sah ihn schon von weitem kommen, und voller Mitleid lief er ihm entgegen, fiel ihm um den Hals und küßte ihn. »Vater«, sagte der Sohn, »ich bin vor Gott und vor dir schuldig geworden, ich verdiene es nicht mehr, dein Sohn zu sein!«

Aber der Vater rief seine Diener: »Schnell, holt das beste Kleid für ihn, steckt ihm einen Ring an den Finger und bringt ihm Schuhe. Holt das Mastkalb und schlachtet es. Wir wollen ein Fest feiern und uns freuen! Mein Sohn hier war tot, jetzt lebt er wieder. Er war verloren, jetzt ist er wiedergefunden!« – Und sie begannen zu feiern.

Lukas 15, 11-24, Gute Nachricht

Warum das Gleichnis erzählt wird

Der ältere Sohn war noch auf dem Feld. Als er zurückkam und sich dem Haus näherte, hörte er das Singen und Tanzen. Er rief einen der Diener herbei und fragte, was denn da los sei. Der sagte: »Dein Bruder ist zurückgekommen, und dein Vater hat das Mastkalb schlachten lassen, weil er ihn gesund wieder hat.«

Da wurde der ältere Bruder zornig und wollte nicht ins Haus gehen. Schließlich kam der Vater heraus und redete ihm gut zu. Aber der Sohn sagte zu ihm: »Du weißt doch: all die Jahre habe ich wie ein Sklave für dich geschuftet, nie war ich dir ungehorsam. Was habe ich dafür bekommen? Mir hast du nie auch nur einen Ziegenbock gegeben, damit ich mit meinen Freunden feiern konnte. Aber der da, dein Sohn, hat dein Geld mit Nutten durchgebracht; und jetzt kommt er nach Hause, da schlachtest du gleich das Mastkalb für ihn.«

»Mein Sohn«, sagte da der Vater, »du bist immer bei mir, und dir gehört alles, was ich habe. Wir konnten doch gar nicht anders als feiern und uns freuen. Denn dein Bruder war tot, jetzt ist er wieder am Leben! Er war verloren, aber jetzt ist er wiedergefunden!«

Lukas 15, 25-32, Gute Nachricht

2. Juli

Der Weg der Mönche

Zwei Mönche lasen in einem alten Buch, es gebe einen Ort auf dieser Welt, wo Himmel und Erde einander berühren. Sie lasen weiter: Wer diesen Ort finde, der habe das Glück seines Lebens gefunden.

Da machten sie sich auf, diesen Ort zu suchen. Der Weg schien ungeheuer weit. Sie nahmen große Anstrengungen auf sich und konnten lange nicht finden, was sie suchten. Eine Tür sei dort, hatten sie gelesen, man brauche nur zu klopfen und einzutreten.

Endlich fanden sie doch, was sie suchten. Sie standen vor der Tür und klopften an. Bebenden Herzens traten sie ein. Und als sie aufschauten, standen sie zu Hause in ihrer Klosterzelle. *Legende*

Goldene Fenster

Es war einmal ein kleiner Junge, der lebte in einer Hütte auf einem grünen Hügel. Er war glücklich. Und doch fehlte etwas zu seinem Glück, denn es gab etwas, das er sich mehr als alles auf der Welt wünschte: Jeden Tag gegen Abend, wenn die Sonne allmählich sank, saß er auf der Schwelle und starrte über das weite Tal hinüber zu einem Haus, das goldene Fenster hatte. Wie Diamanten leuchteten sie! Es war ein wunderbarer Anblick, und er konnte sich nicht sattsehen und wünschte sich sehnlichst, daß er einmal in einem solch schönen Haus wohnen könnte.

Tag für Tag, Jahr für Jahr faszinierte ihn das Haus mit den goldenen Fenstern, und als er schließlich alt genug war, um in die Schule zu gehen, beschloß er, das Haus seiner Träume endlich kennenzulernen. An einem Nachmittag im Sommer machte er sich auf den Weg. Aber er brauchte länger, als er gedacht hatte, und als er endlich ankam, war die Sonne bereits untergegangen. Er erlebte eine schreckliche Enttäuschung: das Haus hatte gar keine goldenen Fenster, es war nichts anderes als eine einfache Hütte mit ganz gewöhnlichen Fenstern. In der Hütte lebte ein Mann mit seiner Frau, und da es schon zu spät für den Rückweg war, behielten sie den kleinen Jungen über Nacht bei sich. Wie groß aber war seine Überraschung, als er am frühen Morgen erwachte und aus dem Fenster schaute: Fern über dem Tal stand ein anderes Haus mit goldenen Fenstern, und jedes einzelne Fenster blinkte und blitzte so herrlich, wie er es nie zuvor gesehen hatte. Voller Erwartung lief er darauf zu. Da erkannte er es: Es waren die Fenster des Hauses, in dem er wohnte.

H. L. Gee

Besuch aus der alten Heimat

Der alte Pfarrer nimmt am Tisch Platz und legt die gefalteten Hände auf die Tischplatte. Maximiliane setzt sich ihm gegenüber, ebenfalls die Hände auf dem Tisch.

»Sind Sie hungrig?« fragt sie, öffnet, ohne die Antwort abzuwarten, eine Dose Corned Beef und schneidet von einem Brotlaib eine dicke Scheibe ab. Die Kinder sehen dem alten Mann zu, wie er die Rinde vom Brot schneidet und sich kleine Stücke in den Mund schiebt. »Wir Pommern«, sagt er beim Kauen, »haben immer miteinander gegessen, wenn wir uns besucht haben, und dabei nie viel geredet. Nur der alte Quindt, der sagte schon mal was. Sprichst du manchmal mit den Kindern über IHN?«

Inzwischen hatte er weitergedacht und meinte nicht mehr Quindt. Maximiliane war seinen Gedanken gefolgt. Sie schüttelt den Kopf, entschließt sich dann aber doch, einen Satz zu sagen.

»Ich spreche manchmal mit IHM über meine Kinder.«

Der alte Pfarrer blickt sie aufmerksam an, nickt dann und sagt:

»Das ist auch eine Möglichkeit.«

Christine Brückner

5. Juli

Vergebung

Mein Vater lud uns erwachsene Kinder ein, mit ihm nach Polen zu reisen. Er wollte uns seine Heimat zeigen – Ostpreußen.

Um mich auf die Reise vorzubereiten, lernte ich Polnisch. Es sollte reichen, um in einem Restaurant Essen zu bestellen und den Menschen in ihrer Sprache zu begegnen. Meine Geschwister spöttelten über meinen Entschluß, für die kurze Zeit der Reise diese schwere Sprache zu lernen.

Dann kam es zu einer Begegnung, die sich uns allen tief eingeprägt hat. Wir fuhren auf einen bewachten Parkplatz in der kleinen Heimatstadt meines Vaters. Die Parkwächterin kam auf mich zu und fragte in ihrer Muttersprache, ob wir Deutsche seien und warum wir gekommen seien. Ich erklärte auf Polnisch, daß mein Vater hier aufgewachsen sei. Daraufhin ging sie zu meinem Vater, verbeugte sich und sprach ein Wort: »Vergebung!« Ich fragte: »Warum?« Sie erzählte, daß sie aus ihrer Heimat östlich von Warschau vertrieben worden war und in den verlassenen Gebieten der Deutschen ansässig werden sollte. Tief in ihrem Herzen lebe die Furcht, eines Tages dem ehemaligen Besitzer des Hauses gegenüberzustehen – und wieder vertrieben zu werden. Mein Vater weinte. Wir Umstehenden auch. Er versicherte der Frau, daß die Vertreibung nicht von neuem beginnen werde. Sie könne in Frieden dort leben.

Christine Böhm

Ziehende Landschaft

Man muß weggehen können
und doch sein wie ein Baum:
als bliebe die Wurzel im Boden,
als zöge die Landschaft und wir ständen fest.
Man muß den Atem anhalten,
bis der Wind nachläßt
und die fremde Luft um uns zu kreisen beginnt,
bis das Spiel von Licht und Schatten,
von Grün und Blau,
die alten Muster zeigt
und wir zu Hause sind,
wo es auch sei,
und niedersitzen können und uns anlehnen,
als sei es an das Grab
unserer Mutter.

Hilde Domin

Die Blume in der Wüste

Der kleine Prinz durchquerte die Wüste und begegnete nur einer Blume mit drei Blütenblättern, einer ganz armseligen Blume . . .

»Guten Tag«, sagte der kleine Prinz. »Guten Tag«, sagte die Blume. »Wo sind die Menschen?« fragte höflich der kleine Prinz.

Die Blume hatte eines Tages eine Karawane vorüberziehen sehen.

»Die Menschen? Es gibt, glaube ich, sechs oder sieben. Ich habe sie vor Jahren gesehen. Aber man weiß nie, wo sie zu finden sind. Der Wind verweht sie. Es fehlen ihnen die Wurzeln, das ist sehr übel für sie.«

Antoine de Saint-Exupéry

Joselito

Als ein spanischer Zigeunerjunge namens Joselito, den keine Schule haben wollte, zwei seiner Geschwister und drei Kusinen aus dem brennenden Holzhaus rettete, das seine Eltern sich nach langer Wanderfahrt endlich gekauft hatten; als er im Fernsehen darauf der Held des Tages wurde und auf die Frage, was er sich am meisten wünsche, sagte, daß er sehr gern zur Schule gehen möchte, boten sich mehr als hundert Schulen an, ihn aufzunehmen – doch da die Eltern nach dem Brand kein Haus mehr hatten und wieder ihre Wanderschaft begannen, geht Joselito heute noch in keine Schule.

James Krüss

Der Radwechsel

Ich sitze am Straßenrand.
Der Fahrer wechselt das Rad.
Ich bin nicht gern, wo ich herkomme.
Ich bin nicht gern, wo ich hinfahre.
Warum sehe ich den Radwechsel
Mit Ungeduld?

Bertolt Brecht

10. Juli

Auf der Durchreise

Es geschah im 19. Jahrhundert, daß ein Mann einen polnischen Rabbi besuchte. Als der Besucher sah, daß die Wohnung des Rabbi aus einem einzigen Zimmer bestand, in dem sich nur Bücher, ein Tisch und eine Bank befanden, fragte er verwundert: »Rabbi, wo haben Sie Ihre Möbel?«

»Wo haben Sie Ihre?« erwiderte der Rabbi.

»Meine?« fragte der verblüffte Fremde. »Aber ich bin doch nur zu Besuch hier. Ich bin auf der Durchreise.«

»Ich auch«, sagte der Rabbi.

Jüdische Legende

11. Juli

Ohne aus der Tür zu gehen

Ohne aus der Tür zu gehen,
kennt man die Welt.
Ohne aus dem Fenster zu schauen,
sieht man den Sinn des Himmels.

Je weiter einer hinausgeht,
desto geringer wird sein Wissen.

Darum braucht der Berufene nicht zu gehen
und weiß doch alles.
Er braucht nicht zu sehen
und ist doch klar.
Er braucht nichts zu machen
und vollendet doch.

Laotse

Die Hasen und die Frösche

Es wird erzählt, daß die Hasen einst Rats pflogen und dabei zu dem Entschlusse gelangten, sie wollten ihren Wald verlassen und in ein anderes Land ziehen, dieweil sie in unaufhörlicher Sorge lebten. Hunde und Menschen hielten sie in Furcht, und dieser Zustand schien ihnen nicht mehr erträglich.

Ein alter weiser Hase meinte zwar, es sei töricht, die Heimat, in der sie von Kindesbeinen an gelebt, und die Freundschaft im Stich zu lassen, aber das andere Volk wollte ihm keinen Glauben schenken, und so machten sie sich denn allesamt auf den Weg. Es geschah aber, daß sie an einen Teich gelangten, an dessen schlammigen Ufern sich eine Froschversammlung niedergelassen hatte. Als die Frösche die Hasenschar sahen, erschraken sie dergestalt, daß sie alle mit einem Plumpser ins Wasser sprangen.

Dieses merkte der alte weise Hase, er rief seine Gefährten zusammen und sprach: »Da schaut her! Erst durch die Frösche, die Furcht vor uns haben, müssen wir innewerden, daß wir eine große Torheit begehen, wenn wir unseren heimatlichen Wald verlassen, um anderswo größere Sicherheit zu suchen. Nie im Leben werden wir ein Land finden, wo wir nichts zu fürchten brauchen. Kehren wir also um, wir werden gut daran tun.« Und alsbald machten die Hasen kehrt und wanderten in ihr Land zurück.

Diese Fabel möge die, so ihre Heimat verlassen wollen, lehren, daß sie nirgends eine Gegend finden werden, wo es keine Sorge und keine Mühe gibt.

Französische Fabel

Nachdenken

Ein Bauer hatte ein kleines Reisfeld oberhalb einer Schlucht. Täglich stieg er mehrmals in die Schlucht hinab, um Wasser für sein Feld hinaufzutragen.

Als die Europäer ins Land kamen und den Bauern seine mühsame Arbeit verrichten sahen, boten sie ihm an, eine Pumpe zu bauen, die ihm die Last des Wassertragens ersparen würde.

Der Bauer lehnte höflich ab: »Könnte ich nicht mehr Wasser tragen, so fehlte mir die Zeit zum Nachdenken.«

Peter Bloch

14. Juli

Einst und jetzt

Bleich steht das Feld und reif das Korn, das gelbe,
Ganz so wie einst und doch nicht ganz dasselbe.

Ganz so wie einst Tal, Feld, des Weges Borden,
Und doch, und doch: wie viel so fremd geworden.

Wie schön der Wald!
Gott, wie bekannt mich schauen
Die Pfade an, die Wiesen und die Auen.

Und doch und doch! Wie ganz mit andren Mienen,
Als hätt ich nichts zu suchen mehr bei ihnen.

Christian Wagner

15. Juli

Hier, wo man steht

Eisik, Sohn Jekels in Krakau, war nach Jahren schwerer Not, die sein Gottvertrauen nicht erschüttert hatten, im Traum befohlen worden, in Prag unter der Brücke, die zum Königsschloß führt, nach einem Schatz zu suchen.

Als der Traum zum dritten Male wiederkehrte, machte sich Eisik auf und wanderte nach Prag. Aber an der Brücke standen Tag und Nacht Wachtposten, und er getraute sich nicht zu graben. Doch kam er an jedem Morgen zur Brücke und umkreiste sie bis zum Abend.

Endlich fragte ihn der Hauptmann der Wache, auf sein Treiben aufmerksam geworden, ob er hier etwas suche oder auf jemand warte. Eisik erzählte, welcher Traum ihn aus fernem Land hergeführt habe. Der Hauptmann lachte: »Und da bist du armer Kerl auf deinen zerfetzten Sohlen einem Traum zum Gefallen hergepilgert! Ja, wer den Träumen traut! Da hätte ich mich ja auch auf die Beine machen müssen, als es mir einmal im Traum befahl, nach Krakau zu wandern und in der Stube eines Juden, Eisik, Sohn Jekels, sollte er heißen, unterm Ofen nach einem Schatz zu graben. Eisik, Sohn Jekels! Ich kann's mir vorstellen, wie ich drüben, wo die Hälfte der Juden Eisik und die andere Jekel heißt, alle Häuser aufreiße!« Und er lachte wieder.

Eisik verneigte sich, wanderte heim, grub den Schatz aus und baute das Bethaus, das Reb-Eisik-Sohn-Jekel-Schul heißt.

Elie Wiesel

Die Stille

Zu einem Einsiedler kamen eines Tages Menschen.

Sie fragten ihn: »Welchen Sinn siehst du in deinem Leben der Stille?«

Er war gerade mit dem Schöpfen von Wasser beschäftigt, aus einer tiefen Zisterne. Er überlegte. Er sprach: »Schaut in die Zisterne. Was seht ihr?«

Die Besucher blickten in die tiefe Zisterne: »Wir sehen nichts.« Nach einer Weile forderte der Einsiedler die Leute wieder auf: »Schaut in die Zisterne. Was seht ihr?« Sie blickten hinunter und sagten: »Jetzt sehen wir uns selbst!«

Der Einsiedler sprach: »Als ich vorhin Wasser schöpfte, war das Wasser unruhig, und ihr konntet nichts sehen. Jetzt ist das Wasser ruhig, und man sieht sich selber. Das ist die Erfahrung der Stille.«

Parabel

Ohne Schatten

Ein Mann wollte seinen Schatten loswerden, aber was er auch anstellte, es gelang ihm nicht. Er wälzte sich am Boden, sprang ins Wasser, versuchte, über den Schatten wegzuspringen. Alles vergeblich.

Ein weiser Mann, der davon hörte, meinte: »Das wäre doch ganz einfach gewesen, den Schatten loszuwerden!« »Wieso einfach?« fragten die Umstehenden neugierig, »was hätte er denn machen sollen?«

Der weise Mann antwortete: »Er hätte sich nur in einen anderen Schatten stellen müssen.«

Adalbert von Chamisso

Der Frosch im Brunnen

Ein Frosch lebte in einem Brunnen. Er hatte dort seit langer Zeit gelebt. Er war dort geboren und aufgewachsen und war noch immer ein kleiner und unbedeutender Frosch.

Nun kam eines Tages ein anderer Frosch, der im Meer gelebt hatte, und fiel in den Brunnen.

»Woher kommst du?« fragte der Frosch im Brunnen. »Ich komme aus dem Meer«, sagte der andere Frosch. »Das Meer, wie groß ist das? Ist es so groß wie mein Brunnen?« fragte der Frosch im Brunnen und machte einen Satz von der einen Seite des Brunnens auf die andere.

»Wie kannst du das Meer mit deinem kleinen Brunnen vergleichen?« Da machte der Frosch im Brunnen einen zweiten Sprung und fragte: »Ist dein Meer so groß?« – »Was sagst du da für einen Unsinn und vergleichst das Meer mit deinem Brunnen!« sagte der Frosch vom Meer.

»Nun denn«, sagte der Brunnenfrosch, »nichts kann größer sein als mein Brunnen. Es kann nichts größer sein. Der Kerl ist ein Lügner!

Werft ihn hinaus!«

Fabel

19. Juli

Eingemauert

Ein Betrunkener wankt nächtlicherweile durch die Straßen, tastend von einem Alleebaum zum andern. Schließlich trifft er auf eine Wand. Fein. Sie wird ihn ein schönes Stück weiterbringen. Er darf nur den Kontakt mit ihr nicht wieder verlieren. Und so tappt er mit beiden Händen dahin. Immer an der Wand lang . . .

Was er nicht weiß: Die Wand ist eine Litfaßsäule. Er umwandert sie vertrauensvoll. Endlos. Schließlich kommt er selbst darauf, daß er im Kreis geht. Da entringt sich ein Seufzer seiner gequälten Brust: »Eingemauert!«

Leo Wallner

20. Juli

Das Auge

Das Auge sagte eines Tages:
»Ich sehe hinter diesen Tälern
im blauen Dunst einen Berg.
Ist er nicht wunderschön?«
Das Ohr lauschte und sagte nach einer Weile:
»Wo ist ein Berg? Ich höre keinen.«
Darauf sagte die Hand:
»Ich versuche vergeblich, ihn zu begreifen.
Ich finde keinen Berg.«
Die Nase sagte:
»Ich rieche nichts. Da ist kein Berg.«
Da wandte sich das Auge
in eine andere Richtung.
Die anderen diskutierten weiter
über diese merkwürdige Täuschung
und kamen zu dem Schluß:
»Mit dem Auge stimmt etwas nicht!«

Kahlil Gibran

21. Juli

Heute nur

Du weißt, daß hinter den Wäldern blau
die großen Berge sind.
Und heute nur ist der Himmel grau
und die Erde blind.

Du weißt, daß über den Wolken schwer
die schönen Sterne stehn,
und heute nur ist aus dem goldenen Heer
kein einziger zu sehn.

Und warum glaubst du denn nicht auch,
daß uns die Wolke Welt
nur heute als ein flüchtiger Hauch
die Ewigkeit verstellt?

Eugen Roth

Gespräche

»Wir können nicht mehr miteinander sprechen«,
sagte Herr K. zu einem Manne.
»Warum?« fragte der erschrocken.
»Ich bringe in Ihrer Gegenwart
nichts Vernünftiges hervor«,
beklagte sich Herr K.
»Aber das macht mir doch nichts«,
tröstete ihn der andere.
»Das glaube ich«, sagte Herr K. erbittert,
»Aber mir macht es etwas.«

Bertolt Brecht

Übervoll

Der Baalschem blieb einst an der Schwelle eines Bethauses stehen und weigerte sich, es zu betreten.

»Ich kann nicht hinein«, sagte er, »es ist ja von Wand zu Wand und vom Boden bis zur Decke übervoll der Lehre und des Gebets, wo wäre da noch Raum für mich?«

Und als er merkte, daß die Umstehenden ihn anstarrten, ohne ihn zu verstehen, fügte er hinzu: »Die Worte, die über die Lippen der Lehrer und Beter gehen, kamen nicht aus einem auf den Himmel ausgerichteten Herzen, stiegen nicht zur Höhe auf, sondern füllen das Haus von Wand zu Wand und vom Boden zur Decke.«

Martin Buber

Erquicklicher als das Licht

»Wo kommst du her?« fragte der König.
»Aus den Klüften«, versetzte die Schlange,
»in denen das Gold wohnt.«
»Was ist herrlicher als Gold?«
fragte der König.
»Das Licht«, antwortete die Schlange.
»Was ist erquicklicher als Licht?«
fragte jener.
»Das Gespräch.«

Johann Wolfgang von Goethe

25. Juli

Aber wie

Ich hab doch nichts
gesagt
sagst du
und du hast recht
kein Wort
hast du gesagt –
aber wie!

Manfred Mai

Der kranke Regenwurm

Es war einmal ein Regenwurm, der war sein ganzes Leben lang krank. Kaum hatte ihn seine Mutter auf die Welt gebracht, war er schon krank. Man merkte es an seiner unlustigen Art, daß ihm etwas fehlte. Der Wurmdoktor kam mit seinem Köfferchen gekrochen und fühlte ihm den Puls.

»Was fehlt ihm?« fragte die Mutter ängstlich. »Er ist krank«, sagte der Wurmdoktor und machte ein besorgtes Gesicht.

Die Mutter wickelte das Würmchen in warme Sauerampferblätter ein und brachte ihm Schneckenschleim. Aber der Regenwurm blieb krank und zeigte keine Lebensfreude. Wenn die anderen Würmer spielen gingen, lag er krank in seinen Sauerampferblättern unter der Erde. Er wußte nicht einmal, was Sonne und Regen sind. Er blieb auch krank, als er größer wurde. Nie verließ er sein Plätzchen unter der Erde, sondern lag immer in seinen Sauerampferblättern und aß traurig seinen Schneckenschleim. Drum wurde er auch nie von einer Amsel gefressen, wie fast alle seine Kameraden. Er blieb die längste Zeit am Leben.

Aber sagt mir – ist das ein Leben?

Franz Hohler

27. Juli

Mehr nicht

Eine große Trockenheit war über das Land gekommen. Zuerst war das Gras braun und grau geworden. Dann starben die Büsche und kleinere Bäume. Kein Regen fiel, der Morgen erwachte ohne die Erfrischung des Taues. Die Tiere waren in großer Anzahl verdurstet, denn nur wenige hatten noch die Kraft gehabt, aus dieser Wüste zu fliehen. Die Trockenheit dauerte an. Selbst die stärksten, ältesten Bäume, deren Wurzeln bis tief in die Erde reichten, verloren ihre Blätter. Alle Brunnen und Flüsse, die Quellen und Bäche waren vertrocknet.

Eine einzige Blume war am Leben geblieben, denn eine ganz kleine Quelle gab noch ein paar Tropfen Wasser. Doch die Quelle war am Verzweifeln: »Alles vertrocknet und verdurstet und stirbt. Ich kann doch daran nichts mehr ändern. Wozu soll es noch sinnvoll sein, daß ich die paar Tropfen aus der Erde hole und auf den Boden fallen lasse.«

Ein alter, kräftiger Baum stand in der Nähe. Er hörte die Klage und sagte noch zur Quelle, bevor auch er starb: »Niemand erwartet von dir, die ganze Wüste zum Grünen zu bringen. Deine Aufgabe ist es, einer Blume Leben zu geben. Mehr nicht.«

Afrikanisches Märchen

Die Wüste

Ein Beduine in der Wüste. Immer wieder legt er sich der Länge nach auf den Boden und drückt sein Ohr in den Wüstensand.

Verwundert fragt ihn ein anderer: »Was tust du da eigentlich?« Der Beduine richtet sich auf und sagt: »Freund, ich höre, wie die Wüste weint. Sie möchte ein Garten sein.«

Afrikanisches Märchen

29. Juli

Bis es aufhört

Der Leiter hatte einige Stammesführer der Wüstenbewohner zu einem kräftigen Wasserfall gebracht. Dumpf rauschend fiel er herab. Sie hatten sofort von dem Wasser gekostet. Es war süß. Sie standen stumm und starrten auf diese Wasserfülle. Wasser, das in der Wüste sein Gewicht in Gold wert ist. Es war ihnen, als wenn die Wasservorräte der ganzen Welt aus einem lecken Speicher auszulaufen drohten. Schließlich sagte der Leiter der Gruppe: »Gehen wir weiter!«

Sie aber rührten sich nicht von der Stelle und baten nur: »Noch einen Augenblick!« Weiter sprach keiner ein Wort. Stumm und ernst schauten sie: Hier lief aus dem Bauch des Berges soviel heiliger Lebensstoff, daß er ganze verschmachtende Karawanen zum Leben erwecken konnte. Hier zeigte sich Gott für sie sichtbar. Hier konnte man nicht einfach weitergehen.

Der Führer mahnte wieder: »Weiter ist hier nichts zu sehen. Kommt!« Sie antworteten: »Nein. Wir müssen warten.« – »Worauf denn?« – »Bis es aufhört!«

Antoine de Saint-Exupéry

Ein grünes Blatt

Ein Blatt aus sommerlichen Tagen,
Ich nahm es so im Wandern mit,
Auf daß es einst mir möge sagen,
Wie laut die Nachtigall geschlagen,
Wie grün der Wald, den ich durchschritt.

Theodor Storm

31. Juli

August

Der Sämann

Ein Bauer ging aufs Feld, um zu säen.

Als er die Körner ausstreute, fielen einige auf den Weg. Dort wurden sie zertreten und von den Vögeln aufgepickt. Andere fielen auf felsigen Grund, der nur mit einer dünnen Erdschicht bedeckt war. Sie gingen rasch auf; aber als die Sonne kam, vertrockneten die jungen Pflanzen, weil sie nicht genügend Erde hatten. Wieder andere fielen in Dornengestrüpp, das bald die Pflanzen überwucherte und erstickte, so daß sie keine Frucht brachten.

Doch einige fielen auf guten Boden, gingen auf, wuchsen und brachten Frucht. Manche hatten Ähren mit dreißig, andere mit sechzig, wieder andere mit hundert Körnern.

Markus 4, 3-8, Gute Nachricht

1. August

Über die Unfruchtbarkeit

Der Obstbaum, der kein Obst bringt
Wird unfruchtbar gescholten. Wer
Untersucht den Boden?

Der Ast, der zusammenbricht
Wird faul gescholten, aber
Hat nicht Schnee auf ihm gelegen?

Bertolt Brecht

2. August

Der Mandelbaum

Gerade gewachsen war der Mandelbaum, groß und schön waren seine Blätter, und stolz betrachtete er seine Äste.

Eines Tages ließ sich auf dem Baum ein Wiedehopf nieder. Er legte sein Ohr an die Rinde des Baumes und hörte das Geräusch vieler kleiner Würmer. Er hämmerte ein Loch in den Stamm, zog die Würmer heraus und vertilgte sie.

Der Mandelbaum wurde böse. Er hatte es gern, wenn bunte Papageien sich auf ihm ausruhten, und er liebte die Kuckucks, die von seinen Zweigen herriefen. Den kleinen Vogel, der ihm ein Loch in die Rinde hackte und seine Schönheit verdarb, wollte er aber nicht ertragen. Der stolze Mandelbaum beschimpfte ihn, und der Wiedehopf flog davon.

Die kleinen Würmer wurden größer, die großen Würmer brachten kleine hervor, und miteinander höhlten sie langsam den Baumstamm aus.

Eines Tages kam ein Wind, der den stolzen Mandelbaum umwarf.

Johnson Gnanabaranam

Zufriedenheit

»Du siehst so unzufrieden aus«, bemerkte ein Eimer zu seinem Kameraden, als sie zum Brunnen kamen.

»Ach«, meinte der andere, »ich dachte gerade daran, wie nutzlos es ist, immer neu gefüllt zu werden, wenn wir doch immer wieder leer zurückkommen.«

»Na sowas«, sagte der erste, »so habe ich das noch gar nicht gesehen. Ich freue mich immer über den Gedanken, daß wir, obgleich wir leer kommen, doch immer gefüllt wieder weggehen.«

H. L. Gee

4. August

Drei Wünsche

Gott Wischnu hatte die ständigen Bitten eines Anhängers so satt, daß er ihm eines Tages erschien und sagte: »Ich habe beschlossen, dir drei beliebige Dinge zu gewähren, um die du mich bittest, aber dann ist Schluß.«

Hocherfreut tat der Mann seine erste Bitte sofort. Er bat, seine Frau möge sterben, damit er eine bessere Frau heiraten könne. Die Bitte wurde umgehend gewährt.

Doch als seine Freunde und Verwandten zum Begräbnis zusammenkamen und alle die guten Eigenschaften seiner Frau wieder in Gedächtnis riefen, merkte er, daß er vorschnell gewünscht hatte. Also bat er Wischnu, sie wieder lebendig zu machen.

Nun hatte er nur noch eine Bitte frei und war fest entschlossen, dieses Mal keinen Fehler zu machen, denn es wäre nicht mehr möglich, ihn zu korrigieren. Er fragte überall um Rat.

Einige Freunde rieten ihm, um Unsterblichkeit zu bitten. Aber was nützte Unsterblichkeit, wenn er nicht gesund war? Was nützte Gesundheit, wenn er kein Geld hatte? Was nützte Geld, wenn er keine Freunde hatte?

Jahre vergingen, und er konnte sich zu keinem

Wunsch entschließen:

Leben oder Gesundheit oder Reichtum oder Macht oder Liebe? Schließlich fragte er Wischnu: »Rate mir, worum ich bitten soll.« Als er die mißliche Lage des Mannes sah, sagte Wischnu: »Bitte darum, zufrieden zu sein, was immer das Leben dir bringen mag.«

Anthony de Mello

Nur Samen

Er betrat einen Laden. Hinter der Ladentheke sah er einen Engel. Hastig fragte er ihn: »Was verkaufen Sie, mein Herr?« Der Engel gab ihm freundlich Antwort: »Alles, was Sie wollen.«

Der junge Mann sagte: »Dann hätte ich gerne das Ende der Kriege in aller Welt; immer mehr Bereitschaft, um miteinander zu reden; Beseitigung der Elendsviertel in Lateinamerika; Ausbildungsplätze für Jugendliche; mehr Zeit der Eltern, um mit ihren Kindern zu spielen; und, und . . .«

Da fiel ihm der Engel ins Wort und sagte: »Entschuldigen Sie, junger Mann, Sie haben mich verkehrt verstanden. Wir verkaufen keine Früchte hier, wir verkaufen nur den Samen.« *Verfasser unbekannt*

6. August

Die strickende alte Dame

Ich erinnere mich, daß unter den Ratsuchenden, die zu mir kamen, eine alte Dame war, die klagte: »Vierzehn Jahre lang habe ich fast ununterbrochen gebetet, doch nie habe ich ein Gefühl von der Gegenwart Gottes gehabt.«

Da fragte ich sie: »Haben Sie ihm Gelegenheit gegeben, ein Wort einzuwerfen?« »Wie das?« entgegnete sie. »Nein, ich habe die ganze Zeit zu ihm gesprochen, ist das nicht etwa Beten?« – »Nein«, sagte ich, »ich glaube nicht, und was ich Ihnen empfehle, das ist, daß sie sich täglich eine Viertelstunde nehmen sollten, einfach dasitzen und vor dem Angesicht Gottes stricken.«

So machte sie es. Und was war das Ergebnis? Schon bald kam sie wieder und sagte: »Das ist ganz merkwürdig: Wenn ich zu Gott bete, genauer, wenn ich zu ihm spreche, fühle ich nichts, doch wenn ich still dasitze, ihm gegenüber, dann fühle ich mich in seine Gegenwart eingehüllt.«

Metropolit Anthony

7. August

Warten können

Als mein Gebet
immer andächtiger und innerlicher wurde,
da hatte ich immer weniger und weniger zu
sagen.
Zuletzt wurde ich ganz still.

Ich wurde,
was womöglich noch ein größerer Gegensatz
zum Reden ist,
ich wurde ein Hörer.

Ich meinte erst,
Beten sei Reden.
Ich lernte aber,
daß Beten nicht bloß Schweigen ist,
sondern Hören.

So ist es:
Beten heißt nicht, sich selbst reden hören.
Beten heißt:
still werden und still sein und warten,
bis der Betende Gott hört.

Sören Kierkegaard

Der Faden nach oben

Eines schönen Morgens glitt vom hohen Baum am festen Faden die Spinne herab. Unten im Gebüsch baute sie ihr Netz, das sie im Lauf des Tages immer großartiger entwickelte und mit dem sie reiche Beute fing.

Als es Abend geworden war, lief sie ihr Netz noch einmal ab und fand es herrlich.

Da entdeckte sie auch wieder den Faden nach oben, den sie über ihrer betriebsamen Geschäftigkeit ganz vergessen hatte. Doch verstand sie nicht mehr, wozu er diente, hielt ihn für überflüssig und biß ihn kurzerhand ab.

Sofort fiel das Netz über ihr zusammen, wickelte sich um sie wie ein nasser Lappen und erstickte sie.

Alte Fabel

9. August

Die Freude der Fische

Tschuang-Tse und Hui-Tse standen auf der Brücke, die über den Hao führt.

Tschuang-Tse sagte: »Sieh, wie die Elritzen umherschnellen! Das ist die Freude der Fische.«

»Du bist kein Fisch«, sagte Hui-Tse, »wie kannst du wissen, worin die Freude der Fische besteht?«

»Du bist nicht ich«, antwortete Tschuang-Tse, »wie kannst du wissen, daß ich nicht wisse, worin die Freude der Fische besteht?«

»Ich bin nicht du«, bestätigte Hui-Tse, »und weiß dich nicht. Aber das weiß ich, daß du kein Fisch bist; so kannst du die Fische nicht wissen.«

Tschuang-Tse antwortete: »Kehren wir zu deiner Frage zurück. Du fragtest mich: ›Wie kannst du wissen, worin die Freude der Fische besteht?‹ Im Grunde wußtest du, daß ich weiß, und fragtest doch. Gleichviel. Ich weiß es aus meiner eignen Freude über dem Wasser.«

Tschuang-Tse

10. August

Die Stimme aus dem Himmel

Einen tiefen Eindruck machte mir ein Erlebnis aus meinem siebenten oder achten Jahre.

Heinrich Bräsch und ich hatten uns Schleudern aus Gummischnüren gemacht, mit denen man kleine Steine schleuderte. Es war im Frühjahr, in der Passionszeit. An einem Sonntagmorgen sagte er zu mir: »Komm, jetzt gehen wir in den Rehberg und schießen Vögel.«

Dieser Vorschlag war mir schrecklich, aber ich wagte nicht zu widersprechen, aus Angst, er könnte mich auslachen.

So kamen wir in die Nähe eines kahlen Baumes, auf dem die Vögel, ohne sich vor uns zu fürchten, lieblich in den Morgen hinaussangen. Sich wie ein jagender Indianer duckend, legte mein Begleiter einen Kiesel in das Leder seiner Schleuder und spannte dieselbe. Seinem gebieterischen Blick gehorchend, tat ich unter furchtbaren Gewissensbissen dasselbe, mir fest gelobend, danebenzuschießen.

In demselben Augenblick fingen die Kirchenglocken an, in den Sonnenschein und in den Gesang der Vögel hineinzuläuten. Es war das »Zeichenläuten«, das dem Hauptläuten eine halbe Stunde voranging. Für mich war es eine Stimme aus dem Himmel. Ich tat die

Schleuder weg, scheuchte die Vögel auf, daß sie wegflogen und vor der Schleuder meines Begleiters sicher waren, und floh nach Hause.

Albert Schweitzer

Der knorrige Baum

Meister Ki vom Südweiler wanderte zwischen den Hügeln von Schang. Da sah er einen Baum, der war größer als alle andern. Tausend Viergespanne hätten in seinem Schatten Platz finden können. Der Meister Ki sprach: »Was für ein Baum ist das! Der hat gewiß ganz besonderes Holz.«

Er blickte nach oben, da bemerkte er, daß seine Zweige krumm und knorrig waren, so daß sich keine Balken daraus machen ließen. Er blickte nach unten und bemerkte, daß seine großen Wurzeln nach allen Seiten auseinandergingen, so daß sich keine Särge daraus machen ließen. Leckte man an einem seiner Blätter, bekam man einen scharfen, beißenden Geschmack im Mund; roch man daran, so wurde man von dem starken Duft drei Tage lang wie betäubt.

Meister Ki sprach: »Das ist wirklich ein Baum, aus dem sich nichts machen läßt. Dadurch hat er seine Größe erreicht.«

Dschuang Dsi

12. August

Verrechnet!

Auf einem See blühten zwei Seerosen. Man beachtete sie kaum, so verloren schwammen sie auf der Wasserfläche. Am nächsten Tag waren es vier, dann acht, dann sechzehn, dann zweiunddreißig.

Die Seerosen verdoppelten sich von Tag zu Tag, und es gab keinen Menschen in der kleinen Stadt, der sie nicht bemerkte und sich darüber freute.

Eines Tages gingen zwei beunruhigte Abgeordnete des Anglervereins zum Bürgermeister und verlangten, er müsse etwas gegen die Seerosen tun. Die seien zwar hübsch anzuschauen, verdoppelten sich aber täglich und würden sehr bald den ganzen See überwuchert haben, was schlecht wäre für die Qualität des Wassers, für die Fische und für die Angler. Heute sei schon ein Viertel der Wasserfläche überwachsen.

Der Bürgermeister blickte zum Fenster hinaus auf den See: »Regt euch nicht auf!« sprach er. »Das wird noch lange dauern. Drei Viertel des Sees sind noch frei!«

Barbara Hug

Weltraumfahrt

»Ist Ihnen nicht gut?« erkundigt sich ein Spaziergänger bei Herrn M., der sich krampfhaft an einem kleinen Baum im Park festklammert.

»Was heißt hier gut!« fährt ihn Herr M. an. »Haben Sie denn nicht gehört, daß die Erde mit einer Geschwindigkeit von dreißig Kilometern in der Sekunde durch das Weltall rast?«

Helmut Glatz

14. August

Größenwahn

Ein Vogel lag auf dem Rücken und hielt beide Beine starr gegen den Himmel gestreckt.

Ein anderer Vogel kam vorüber und fragte verwundert: »Warum liegst du so da? Komm mit!« Der erste Vogel antwortete: »Ich kann nicht. Ich trage den Himmel mit meinen Beinen. Wenn ich losließe, würde der Himmel herabstürzen.«

Kaum hatte er das gesagt, da löste sich ein Blatt vom nahen Baum und fiel, leise raschelnd, zur Erde. Darob erschrak der Vogel so sehr, daß er sich aufrichtete und geschwind davonflog.

Der Himmel aber blieb an seinem Ort.

Lafontaine

15. August

Die Geschichte mit dem Hammer

Ein Mann will ein Bild aufhängen. Den Nagel hat er, nicht aber den Hammer. Der Nachbar hat einen. Also beschließt unser Mann, hinüberzugehen und ihn auszuborgen.

Doch da kommt ihm ein Zweifel: Was, wenn der Nachbar mir den Hammer nicht leihen will? Gestern schon grüßte er mich nur so flüchtig. Vielleicht war er in Eile. Aber vielleicht war die Eile nur vorgeschützt, und er hat etwas gegen mich. Und was? Ich habe ihm nichts angetan: der bildet sich da etwas ein.

Wenn jemand von mir ein Werkzeug borgen wollte, ich gäbe es ihm sofort. Und warum er nicht? Wie kann man einem Mitmenschen einen so einfachen Gefallen abschlagen? Leute wie dieser Kerl vergiften einem das Leben. Und dann bildet er sich noch ein, ich sei auf ihn angewiesen. Bloß weil er einen Hammer hat. Jetzt reicht's mir wirklich!

Und so stürmt er hinüber, läutet, der Nachbar öffnet, doch bevor er »Guten Tag« sagen kann, schreit ihn unser Mann an: »Behalten Sie Ihren Hammer, Sie Rüpel!«

Paul Watzlawick

Argumente

Zwei chinesische Kulis hatten auf der Straße eine hitzige Auseinandersetzung, und schnell sammelte sich ein Kreis von Neugierigen.

Ein englischer Tourist, der auch dabeistand, sagte zu seinem chinesischen Begleiter, daß die beiden wohl bald handgreiflich werden würden. »Das glaube ich nicht«, antwortete der Chinese, »denn derjenige, der zuerst zuschlägt, gibt damit zu, daß ihm seine Argumente ausgegangen sind.«

H. L. Gee

Der Hase

Als einst der Hase in der Sonne spazierenging, erblickte er seiner Ohren Schatten neben sich. Diesen hielt er für ein zweihörniges großes Tier und floh Hals über Kopf davon, doch jenes gehörnte Tier lief stets an seiner Seite.

Nachdem er sich unnötig sehr abgemüht hatte und in den Schatten eines Gebüsches gekommen war, da entschwand endlich der Anlaß seiner Furcht.

Als hier der Hase von seiner Ermüdung ausschnaufte, dankte er Gott, indem er sprach: »Hätte mir der Schöpfer nicht so gute Füße gegeben, so hätte ich einem solchen Furchtmacher nicht entgehen können.«

Afrikanisches Märchen

18. August

Gott im Birkenwald

Von dem Doktor Luther verlangte einst jemand zu wissen, was wohl Gott vor Erschaffung der Welt die lange, lange Ewigkeit hindurch getan habe.

Dem erwiderte der fromme und witzige Mann: In einem Birkenwald sei der liebe Gott gesessen und habe zur Bestrafung für solche Leute, die unnütze Fragen tun, Ruten geschnitten.

Johann Peter Hebel

Der Adler I

Ein Mann ging in einen Wald, um nach einem Vogel zu suchen, den er mit nach Hause nehmen konnte. Er fing einen jungen Adler, brachte ihn heim und steckte ihn in den Hühnerhof zu den Hennen, Enten und Truthühnern. Und er gab ihm Hühnerfutter zu fressen, obwohl er ein Adler war, der König der Vögel.

Nach fünf Jahren erhielt der Mann den Besuch eines naturkundigen Mannes. Und als sie miteinander durch den Garten gingen, sagte der: »Dieser

Vogel dort ist kein Huhn, er ist ein Adler.« »Ja«, sagte der Mann, »das stimmt. Aber ich habe ihn zu einem Huhn erzogen. Er ist jetzt kein Adler mehr, sondern ein Huhn, auch wenn seine Flügel drei Meter breit sind.«

»Nein«, sagte der andere. »Er ist noch immer ein Adler, denn er hat das Herz eines Adlers. Und das wird ihn hoch hinauffliegen lassen in die Lüfte.«

»Nein, Nein«, sagte der Mann, »er ist jetzt ein richtiges Huhn und wird niemals fliegen.«

Darauf beschlossen sie, eine Probe zu machen. Der naturkundige Mann nahm den Adler, hob ihn in die Höhe und sagte beschwörend: »Der du ein Adler bist, der du dem Himmel gehörst und nicht dieser Erde: breite deine Schwingen aus und fliege!«

Der Adler saß auf der hochgereckten Faust und blickte um sich. Hinter sich sah er die Hühner nach ihren Körnern picken, und er sprang zu ihnen hinunter.

Der Mann sagte: »Ich habe dir gesagt, es ist ein Huhn!«

»Nein«, sagte der andere, »es ist ein Adler. Versuche es morgen noch einmal.«

20. August

Der Adler II

Am anderen Tag stieg er mit dem Adler auf das Dach des Hauses, hob ihn empor und sagte: »Adler, breite deine Schwingen aus und fliege!« Aber als der Adler wieder die scharrenden Hühner im Hof erblickte, sprang er abermals zu ihnen hinunter und scharrte mit ihnen.

Da sagte der Mann wieder: »Ich habe dir gesagt, es ist ein Huhn.«

»Nein«, sagte der andere, »er ist ein Adler und hat das Herz eines Adlers. Laß es uns noch ein einziges Mal versuchen.«

Am nächsten Morgen erhob er sich früh, nahm den Adler und brachte ihn hinaus aus der Stadt, weit weg von den Häusern, an den Fuß eines hohen Berges. Die Sonne stieg gerade auf, sie vergoldete den Gipfel des Berges, jede Zinne erstrahlte in der Freude eines wundervollen Morgens.

Er hob den Adler hoch und sagte zu ihm: »Adler, du bist ein Adler. Breite deine Schwingen aus und fliege!« Der Adler blickte umher, zitterte, als erfülle ihn neues Leben – aber er flog nicht. Da ließ ihn der naturkundige Mann direkt in die Sonne schauen.

21. August

Und plötzlich breitete er seine gewaltigen Flügel aus, erhob sich mit dem Schrei eines Adlers, flog höher und höher und kehrte nie wieder zurück.

Fabel aus Ghana

Der fliegende Frosch

Wenn einer, der mit Mühe kaum
gekrochen ist auf einen Baum,
schon meint, daß er ein Vogel wär,
so irrt sich der.

Wilhelm Busch

Die beiden Söhne

Ein Mann hatte zwei Söhne.

Er sagte zu dem einen: »Mein Sohn, geh und arbeite heute im Weinberg.« »Ich will nicht«, erwiderte der Sohn; später aber bereute er die Antwort und ging doch.

Dasselbe sagte der Vater auch zu seinem anderen Sohn.

»Ja, Vater«, antwortete der, ging aber nicht.

Wer von den beiden hat nun den Willen des Vaters erfüllt?

Matthäus 21, 28-31, Gute Nachricht

Sieben Stäbe

Ein Vater hatte sieben Söhne, die öfter miteinander uneins waren. Über dem Zanken und Streiten versäumten sie die Arbeit. Ja einige böse Menschen hatten im Sinn, diese Uneinigkeit zu benutzen, um die Söhne nach dem Tod ihres Vaters um ihr Erbteil zu bringen. Da ließ der alte Mann alle sieben Söhne zusammenkommen, legte ihnen sieben Stäbe vor, die fest zusammengebunden waren, und sagte: »Dem von euch, der dieses Bündel Stäbe zerbricht, zahle ich hundert große Taler.«

Einer nach dem andern strengte alle seine Kräfte an, und jeder sagte nach langem vergeblichen Bemühen: »Es ist gar nicht möglich!« »Und doch«, sagte der Vater, »ist nichts leichter!« Er löste das Bündel auf und zerbrach einen Stab nach dem andern mit geringer Mühe. »Ei«, riefen die Söhne, »so ist es freilich leicht. Das könnte ein kleiner Knabe!«

Der Vater aber sprach: »Wie es mit diesen Stäben ist, so ist es mit euch. Solange ihr fest zusammenhaltet, werdet ihr bestehen und niemand wird euch überwältigen können. Wird aber das Band der Eintracht, das euch verbinden soll, aufgelöst, so geht es euch wie den Stäben, die hier zerbrochen auf dem Boden umherliegen.«

Christoph von Schmid

24. August

Nüchternheit

Philipp von Makedonien verurteilte einst einen Makedonier zu einer empfindlichen Geldstrafe, obwohl sich dieser nichts hatte zuschulden kommen lassen.

Der Makedone sah, daß jener betrunken war, und erklärte daraufhin in ruhigem Ton, daß er sich gegen dieses Urteil beschweren werde. »Beschweren!« schrie ihn Philipp zornig an. »Beschweren! Bei wem willst du dich beschweren, wenn dein König Recht gesprochen hat?« »Bei deiner Nüchternheit«, gab ihm der Makedone unerschrocken zur Antwort, indem er ihn freimütig anblickte.

Im Nu war der Rausch verflogen, und Philipp befahl, ihm den Fall noch einmal vorzutragen, worauf sich dann die Unschuld des Verurteilten einwandfrei ergab.

Aus Griechenland

Bericht eines Prager Fassadenglasreinigers

»Vier Monate war ich ohne Arbeit. An die siebzig freie Stellen bin ich abgelaufen – nichts. Dann endlich hatte ich eine als Fäkalisator. Aber als ich anfangen wollte, hieß es, es ginge nicht, weil ich in diesem Beruf zuviel verdienen würde. Wenn sie dir deinen Posten aberkannt haben, darfst du eben nur eine bestimmte Summe verdienen ...

Inzwischen waren sie dreimal bei mir: Du kennst viele, du warst im Auswärtigen Dienst, sagten sie, schreib auf, was du über die einzelnen weißt – und alles ist vergessen! ... Daß ich außen stinke, hätte ich in Kauf genommen.« Er neigte mir leicht sein Glas zu, dann trank er.

Reiner Kunze

Die Gewalt

Als Herr K., der Denkende, sich in einem Saale vor vielen gegen die Gewalt aussprach, merkte er, wie die Leute zurückwichen und weggingen. Er blickte sich um und sah hinter sich stehen – die Gewalt.

»Was sagtest du?« fragte ihn die Gewalt.

»Ich sprach mich für die Gewalt aus«, antwortete Herr K.

Als Herr K. weggegangen war, fragten ihn seine Schüler nach seinem Rückgrat. Herr K. antwortete: »Ich habe kein Rückgrat zum Zerschlagen, gerade ich muß länger leben als die Gewalt.«

Bertolt Brecht

27. August

Die Mehrheit hat recht?

Drei Mädchen, blond, braun- und schwarzhaarig und ein Junge sind auf dem Heimweg von der Schule. Sie sind etwa acht Jahre alt, lachen und schwatzen, kommen an einem Kino vorbei, schauen sich die Bilder an. »Guckt mal da den Clown!« ruft die Blonde und zeigt auf ein Foto.

»Klaun!« lacht die Schwarzhaarige. »Die sagt Klaun! Das heißt Klon!« »Klaun heißt es!« verteidigt sich die Blonde. »Quatsch! Klon! Frag meine Mutter! – Lisa: Klaun oder Klon?« »Klon!« sagt das dritte Mädchen überzeugt.

Die Blonde wendet sich hilfesuchend an den Jungen. »Jens, das heißt doch Klaun!« »Ich weiß nicht«, sagt der vorsichtig. »Klon heißt's!« rufen die beiden Mädchen. »Ja, Klon«, stimmt der Junge zu.

Da wendet sich die Blonde wieder dem Bild zu und sagt: »Guckt mal den Clown an!« und sie spricht das Wort aus wie Klon.

Barbara Hug

Der Sünder

Es waren einmal zehn Bauern, die gingen miteinander über das Feld. Sie wurden von einem schweren Gewitter überrascht und flüchteten sich in einen halb zerfallenen Tempel.

Der Donner kam aber immer näher, und es war ein Getöse, daß die Luft ringsum erzitterte. Kreisend fuhr ein Blitz fortwährend um den Tempel her.

Die Bauern fürchteten sich sehr und dachten, es müsse wohl ein Sünder unter ihnen sein, den der Blitz schlagen wolle. Um herauszubringen, wer es sei, machten sie aus, ihre Strohhüte vor die Tür zu hängen; wessen Hut weggeweht werde, der solle sich dem Schicksal stellen.

Kaum waren die Hüte draußen, so ward auch einer weggeweht, und mitleidlos stießen die anderen den Unglücklichen vor die Tür. Als er aber den Tempel verlassen hatte, da hörte der Blitz zu kreisen auf und schlug krachend in den Tempel ein.

Chinesisches Märchen

29. August

Ein Topf voll Wasser

Eine alte indische Geschichte erzählt von vier Bettlern, die sich zufällig eines Abends in einer verlassenen Hütte trafen. Den ganzen Tag hatten sie gebettelt, und nun saßen sie um ein spärliches Feuer und beobachteten einander voll Mißtrauen.

Nun war es so, daß der erste Bettler nichts in seinem Korb hatte als etwas Fleisch. Der zweite hatte ihn halb voll Gemüse, der dritte konnte einige Gewürze vorweisen, und der vierte besaß einige Handvoll Reis.

Einer von ihnen machte den Vorschlag, sie sollten einen Topf mit Wasser über das Feuer hängen und jeder sollte den Inhalt seines Korbes dazugeben, so würde eine gute Mahlzeit für jeden herausspringen. Diese Idee wurde von allen vieren gutgeheißen und die Vorbereitung unverzüglich getroffen. Aber der erste Bettler dachte, die Suppe würde ohne sein Fleisch auch sehr gut schmecken, und so tat er nur so, als ob er das Fleisch in den Topf legte. Die gleichen Überlegungen stellten aber auch alle andern an, und so behielt jeder sein eigenes Bettelgut für sich. Als der Topf vom Feuer genommen wurde, war nichts darin als heißes Wasser.

Es heißt, daß in dieser Nacht in der Hütte der Streit kein Ende nehmen wollte.

H. L. Gee

Das letzte Stündlein

Einem sterbenskranken alten Bauern setzt der Pfarrer zu, er solle sich mit seinem ihm verfeindeten Nachbarn versöhnen, da doch nun sein letztes Stündlein nahe.

Es kommt dem harten Schädel schwer an, dem Pfarrer die Erlaubnis zu geben, daß er den Nachbarn zur Versöhnung holen darf. Und als er die Genehmigung gegeben hat, ist er noch immer keineswegs mit der Angelegenheit fertig. Er ruft dem Pfarrer nach: »Aber wenn ich wieder werd, dann bleibt's mit dem Mattes beim alten!«

Wilhelm von Scholz

September

Wer bin ich?

Es gingen zwei Menschen hinauf in den Tempel, um zu beten, der eine ein Pharisäer, der andere ein Zöllner.

Der Pharisäer stellte sich ganz vorne hin und betete: »Gott, ich danke dir, daß ich nicht so habgierig, unehrlich und verdorben bin wie die anderen Leute, zum Beispiel dieser Zöllner. Ich faste zwei Tage in der Woche und opfere dir den zehnten Teil von allen meinen Einkünften.«

Der Zöllner aber stand ganz hinten und getraute sich nicht einmal aufzublicken. Er schlug sich an die Brust und sagte: »Gott, hab Erbarmen mit mir, ich bin ein sündiger Mensch!«

Lukas 18, 10-13, Gute Nachricht

1. September

Die Frage

Vor dem Ende sprach Rabbi Sussja:
»In der kommenden Welt
wird man mich nicht fragen:
›Warum bis du nicht Mose gewesen?‹
Man wird mich fragen:
›Warum bist du nicht Sussja gewesen?‹«

Martin Buber

2. September

Colombin

Am Hofe gab es starke Leute und gescheite Leute, der König war ein König, die Frauen waren schön und die Männer mutig, der Pfarrer war fromm und die Küchenmagd fleißig – nur Colombin war nichts.

Wenn jemand sagte: »Komm, Colombin, kämpf mit mir«, sagte Colombin: »Ich bin schwächer als du.« Wenn jemand sagte: »Wieviel gibt zwei mal sieben?« sagte Colombin: »Ich bin dümmer als du.« Wenn jemand sagte: »Getraust du dich, über den Bach zu springen?« sagte Colombin: »Nein, ich getraue mich nicht.« Und wenn der König fragte: »Colombin, was willst du werden?« antwortete Colombin: »Ich will nichts werden, ich bin schon etwas, ich bin Colombin.«

Peter Bichsel

3. September

Gebet einer Schnecke

Du weißt, Herr,
ich bin nicht eine der Schnellsten.
Ich trage mein Haus, habe Stummelfüße,
muß lange nachdenken über den Weg.
Die Augen sehen bis zum nächsten Grashalm.
Vielleicht bin ich manchmal
an dir vorübergekrochen
und habe dich nicht erkannt.
Vergib, Herr, der du zählst die Schleimspuren
im Schotter, und laß – wenn auch spät –
die Lastenträger, die langsamen,
ankommen bei dir.

Rudolf Otto Wiemer

Plum & Co.

Plum sagt zu Co.: »Ich möchte du sein.«
»Und ich möchte du sein«, sagt Co.
»Ich muß mal scharf nachdenken«,
sagt Plum,
»wenn ich du sein will,
und du willst ich sein,
dann will ich ja ich sein.«
»Genau«, sagt Co.

Irmela Wendt

5. September

Genügsamkeit

Der Fuchs betrachtete bei Sonnenaufgang
seinen Schatten und sprach:
»Heute mittag will ich
ein Kamel verschlingen.«
Den ganzen Morgen
suchte er nach Kamelen.
Am Mittag betrachtete er
wiederum seinen Schatten
und sprach:
»Eine Maus wird auch genügen.«

Kahlil Gibran

Schattenspiele

Schätze deine Größe
nicht nach deinem Schatten
und verlache nie den kleinen Kern,
er wird einmal ein großer Feigenbaum sein.

Orientalisches Sprichwort

7. September

Der Elefant

Ein indischer Fürst rief einmal alle Blindgeborenen des Landes zusammen, um ihnen einen Elefanten zu zeigen.

Da versammelten sich nun die Menschen, die noch nie in ihrem Leben etwas hatten sehen können, und betasteten das große Tier. Ein jeder gerade dort, wo er stand. Dann ging der Fürst zu den Blinden hin und fragte sie: »Habt ihr erkannt, was ein Elefant ist?« »Ja«, erwiderten alle. Und als er weiter fragte: »Wie ist denn der Elefant?« sagte einer, der das große Ohr betastet hatte: »Der Elefant ist wie eine Schaufel.« »Nein, der Elefant ist wie eine Schlange«, meinte ein anderer, der den Rüssel in der Hand hielt. »Wie ein Baum ist der Elefant!« sagte der nächse, der mit beiden Händen ein Bein des Tieres umfaßte. »Wie ein Besen ist er«, sagte der, der das Schwanzende zwischen den Fingern hatte.

Und sie gerieten in einen heftigen Streit über den Elefanten. Jeder wollte recht haben, und jeder traute nur seinen eigenen Erfahrungen. Aber sie vermochten nicht, das Ganze zusammenzubringen und zu erkennen, wie ein Elefant in Wahrheit von Gestalt und Aussehen ist. *Indisches Märchen*

Der Gehilfe

Ein Kaufmann wollte auf Reisen gehen. Er nahm sich einen Gehilfen und stellte ihn in den Laden; er selbst hielt sich zumeist in der angrenzenden Stube auf.

Von da aus hörte er im ersten Jahr zuweilen, wie der Gehilfe zu einem Käufer sagte: »So billig kann es der Herr nicht hergeben.« Der Kaufmann reiste nicht. Im zweiten Jahr vernahm er mitunter: »So billig können wir's nicht hergeben.« Er verschob noch die Reise. Aber im dritten Jahr hieß es: »So billig kann ich's nicht hergeben.« Da trat er seine Reise an.

Martin Buber

9. September

Unkraut im Weizen

Wenn Gott sein Werk vollendet, handelt er wie ein Mann, der guten Samen auf sein Feld gesät hatte. Eines Nachts, als alles schlief, kam sein Feind, säte Unkraut zwischen den Weizen und verschwand.

Als nun der Weizen wuchs und Ähren ansetzte, schoß auch das Unkraut auf. Da gingen die Arbeiter zum Gutsherrn und fragten: »Herr, du hast doch guten Samen auf deinen Acker gesät, woher kommt das Unkraut?«

Der Gutsherr antwortete ihnen. »Das muß einer getan haben, der mir schaden will.« Die Arbeiter fragten: »Sollen wir hingehen und das Unkraut ausreißen?« »Nein«, sagte der Herr, »sonst könntet ihr aus Versehen den Weizen mit ausreißen. Laßt beides bis zur Ernte wachsen. Wenn es soweit ist, will ich den Erntearbeitern sagen: ›Sammelt zuerst das Unkraut auf und bündelt es, damit es verbrannt wird. Dann schafft den Weizen in meine Scheune.‹«

Matthäus 13, 24-30, Gute Nachricht

Wachstumshilfe

Ein Mann aus Sung war sehr betrübt, daß sein Korn nicht recht wachsen wollte. Er versuchte daher, die Halme selbst in die Höhe zu ziehen. Nach dieser Arbeit kam er ganz benommen heim und sagte zu seinen Leuten: »Ich bin sehr müde, ich habe meinem Korn geholfen zu wachsen.«

Sein Sohn lief hinaus, um sich dies anzusehen, fand aber alle Halme verwelkt.

Es gibt viele Menschen auf der Welt, die den Wunsch haben, dem Korn beim Wachsen zu helfen.

Mong Tse

11. September

Mißlungener Versuch

Friedrich II. von Hohenstaufen (1194-1250) wollte die Ursprache der Menschen finden. Er glaubte, sie entdecken zu können, wenn beobachtet werde, in welcher Sprache Kinder zu reden anfangen, mit denen noch niemand gesprochen hat.

»... und deshalb ließ er viele Neugeborene zusammenlegen und befahl den Ammen und Pflegerinnen, sie sollten den Kindern Milch geben, daß sie an den Brüsten säugen möchten, sie baden und waschen, aber in keiner Weise mit ihnen schön tun und mit ihnen sprechen. Er wollte nämlich erforschen, ob sie die hebräische Sprache sprächen, als die älteste, oder Griechisch oder Latein oder Arabisch oder aber die Sprache ihrer Eltern, die sie geboren hatten.

Aber er mühte sich vergebens, weil die Knaben und anderen Kinder alle starben. Denn sie vermochten nicht zu leben ohne das Händepatschen und das fröhliche Gesichterschneiden und die Koseworte ihrer Ammen und Nährerinnen.«

Aus der Chronik des Salimbene von Parma (1221-1288)

Standfestigkeit

Die Mutter bat ihren kleinen Sohn,
sich hinzusetzen,
aber er wollte unbedingt stehen.
Verärgert packte sie ihn schließlich
und setzte ihn auf einen Stuhl.
Einen Augenblick war es still
Dann sagte der Kleine trotzig:
»Außen sitze ich,
aber innen stehe ich noch!«

Verfasser unbekannt

Erziehung

»Das darfst du nicht«, sagte der Vater. Gläubig blickte der Kleine zu ihm auf und ließ es.

»Dafür bist du noch zu klein«, erklärte die Mutter. Respektvoll zog er sich zurück.

»Auch dies ist nicht gut«, erzog ihn der Vater. »Und jenes nicht recht«, erzog ihn die Mutter.

»Wenn große Leute sprechen, sagen Kinder

nichts«, ermahnte man ihn. Also schwieg er bescheiden.

»Gib dich nicht so dumm!« rügte der Lehrer. Und der Schüler ließ das Fragen.

»Er ist so linkisch und gar nicht gesprächig«, langweilten sich die Mädchen. Das munterte auch nicht auf.

»Sitz nicht im Hause herum!« rügte der Vater. »Was suchst du auf der Straße?« rügte die Mutter.

»Er scheint mir verklemmt«, meinte der Arzt. »Verschlossen!« sagte der Lehrherr. »Verträumt. Was soll aus ihm werden?« »Kann ich nicht brauchen«, urteilte der Chef. »Vergrämt mir die Kundschaft. Spricht kaum. Keinen eigenen Kopf. Fragt aber auch nichts. Seltsamer Kauz.« »Organisch gesund«, sagte der Arzt. »Und war so ein hübsches Kind«, flüsterten die Nachbarn. »Alles kümmerte sich. Familie, Schule, nichts fehlte ihm. Aber er wird mit dem Leben nicht fertig. Die armen Eltern!«

Theo Schmich

14. September

Erkenntnis

Früher, da ich unerfahren
und bescheidner war als heute,
hatten meine höchste Achtung
andre Leute.

Später traf ich auf der Weide
außer mir noch mehr're Kälber,
und nun schätz ich, sozusagen,
erst mich selber.

Wilhelm Busch

15. September

Ihre Seele wohnt im Haus von morgen

Deine Kinder sind nicht deine Kinder.

Sie kommen durch dich, aber nicht von dir, und obwohl sie bei dir sind, gehören sie nicht dir.

Du kannst ihnen deine Liebe geben, aber nicht deine Gedanken, denn sie haben ihre eigenen Gedanken.

Du kannst ihrem Körper ein Haus geben, aber nicht ihrer Seele, denn ihre Seele wohnt im Haus von morgen, das du nicht besuchen kannst, nicht einmal in deinen Träumen.

Du kannst versuchen, ihnen gleich zu sein, aber versuche nicht, sie dir gleich zu machen.

Denn das Leben geht nicht rückwärts und verweilt nicht beim Gestern. Du bist der Bogen, von dem deine Kinder als lebendige Pfeile ausgeschickt werden.

Kahlil Gibran

So können sie sich ändern

Zu Mark Twain kam einmal ein Siebzehnjähriger und erklärte:

»Ich verstehe mich mit meinem Vater nicht mehr. Jeden Tag Streit.

Er ist so rückständig, hat keinen Sinn für moderne Ideen. Was soll ich machen? Ich laufe aus dem Haus.«

Mark Twain antwortete: »Junger Freund, ich kann Sie gut verstehen. Als ich siebzehn Jahre alt war, war mein Vater genauso ungebildet Es war kein Aushalten. Aber haben Sie Geduld mit so alten Leuten. Sie entwickeln sich langsamer. Nach zehn Jahren, als ich 27 war, hatte er soviel dazugelernt, daß man sich schon ganz vernünftig mit ihm unterhalten konnte. Und was soll ich Ihnen sagen? Heute, wo ich 37 bin – ob Sie es glauben oder nicht –, wenn ich keinen Rat weiß, dann frage ich meinen alten Vater. So können sie sich ändern.«

Mark Twain

17. September

Die drei Söhne

Drei Frauen kommen an einen Brunnen, um Wasser zu schöpfen. Sie sprechen von ihren Söhnen. »Meinen Sohn solltet ihr singen hören«, sagt die erste, »das tönt so schön, als wenn eine Nachtigall singen würde.« Die zweite sagt: »Mein Sohn ist stark und schnell. Er schleudert einen Stein fast bis zu den Wolken und fängt ihn wieder auf.« Die dritte schweigt.

Da fragen die anderen: »Und dein Sohn?« »Was soll ich erzählen«, sagt sie, »mein Sohn ist ein junger Bursche wie andere auch.«

Nun machen sich die drei Frauen auf den Heimweg. Die Sonne brennt, der Wassereimer wird schwer. Da kommen den Frauen drei junge Burschen entgegen. Der erste singt so schön wie eine Nachtigall, der zweite schleudert Steine in die Luft und fängt sie wieder. Der dritte aber läuft zu seiner Mutter und nimmt ihr den Eimer ab.

Ein alter Mann neben dem Brunnen hat alles mit angesehen. Eine der drei Frauen fragt ihn: »Nun, was sagst du zu unseren drei Söhnen?«

»Drei Söhne«, fragt der Alte, »ich sehe nur einen.«

Leo N. Tolstoi

Das kann ich nicht

Wie oft, Gott,
sagen wir so
trauen uns nichts zu
haben keinen Mut
reden uns ein:
das habe ich nicht gelernt
meine Stimme dringt nicht durch
das können andere besser
das soll lieber mein Mann machen
der kann sich eher durchsetzen
wir sind da sehr phantasiereich
Gott
Ausreden sind leichter
als Gegenreden
Mitreden
Fürsprache
Befähigen Ermutigen Bestärken
Gott
wenn wir wenigstens das könnten!

Christel Voß-Goldstein

Die Möwe

»Du bist widerlich!« sagten die Möwen, die auf der grünen Uferwiese nebeneinander saßen, zu der einen. »Alle stellen wir uns mit den Schnäbeln zum Wind, nur du, als einzige, machst es umgekehrt.« »Wenn es mir Spaß macht«, erwiderte die eine. »Schadet's euch?« »Du zerreißt unsere Gemeinschaft!« warfen die andern ihr vor und schauten weiterhin dem Wind entgegen. Nur die eine machte es umgekehrt.

Da schlich eine Katze durch das Gebüsch, erspähte die Vögel, prüfte den Wind, der ihr günstig war, und duckte sich zum Sprung.

Die eine Möwe sah sie. »Gefahr! Flieht!« schrie sie. Da stob der ganze Möwenschwarm auf.

Fabel

20. September

Das grüne Fahrrad

Einmal wollte ein Mädchen sein Fahrrad anstreichen. Es hat grüne Farbe dazu genommen. Grün hat dem Mädchen gut gefallen. Aber der große Bruder hat gesagt: »So ein grasgrünes Fahrrad hab ich noch nie gesehen. Du mußt es rot anstreichen.« Rot hat dem Mädchen auch gut gefallen. Also hat es rote Farbe geholt und das Fahrrad angestrichen.

Aber ein anderes Mädchen hat gesagt: »Rote Fahrräder haben doch alle! Warum streichst du es nicht blau an?« Das Mädchen hat sich das überlegt und sein Fahrrad blau gestrichen. Aber der Nachbarsjunge hat gesagt: »Blau! Das ist doch so dunkel. Gelb ist viel lustiger!« Da hat das Mädchen gleich gelbe Farbe geholt. Aber eine Frau aus dem Haus hat gesagt: »Das ist ein scheußliches Gelb! Nimm himmelblaue Farbe!« Und das Mädchen hat sein Fahrrad himmelblau gestrichen. Aber da ist der große Bruder wieder gekommen. Er hat gerufen: »Du wolltest es doch rot streichen! Himmelblau ist eine blöde Farbe! Rot mußt du nehmen!«

Da hat das Mädchen gelacht und wieder den grünen Farbtopf geholt und das Fahrrad grün gestrichen, grasgrün. Und es war ihm ganz egal, was die anderen gesagt haben.

Ursula Wölfel

Seltsamer Spazierritt

Ein Mann reitet auf seinem Esel nach Hause und läßt seinen Buben zu Fuß nebenherlaufen. Kommt ein Wanderer und sagt: »Das ist nicht recht, Vater, daß Ihr reitet und laßt Euren Sohn laufen; Ihr habt stärkere Glieder.« Da stieg der Vater vom Esel herab und ließ den Sohn reiten. Kommt wieder ein Wandersmann und sagt: »Das ist nicht recht, Bursche, daß du reitest und läßt deinen Vater zu Fuß gehen. Du hast jüngere Beine.« Da saßen beide auf und ritten eine Strecke.

Kommt ein dritter Wandersmann und sagt: »Was ist das für ein Unverstand, zwei Kerle auf einem schwachen Tier. Sollte man nicht einen Stock nehmen und euch beide hinabjagen?« Da stiegen beide ab und gingen zu Fuß, rechts und links der Vater und Sohn, in der Mitte der Esel. Kommt ein vierter Wandersmann und sagt: »Ihr seid drei kuriose Gesellen. Ist's nicht genug, wenn zwei zu Fuß gehen? Geht's nicht leichter, wenn einer von euch reitet?«

Da band der Vater dem Esel die vorderen Beine zusammen, und der Sohn band ihm die hinteren Beine zusammen, zogen einen starken Baumpfahl durch, der an der Straße stand, und trugen den Esel auf der Achsel heim.

So weit kann's kommen, wenn man es allen Leuten will recht machen. *Johann Peter Hebel*

Glück oder Unglück

Ein armer Bauer hatte sehr mageres Land zu beackern und nur einen Sohn, der ihm half, und nur ein Pferd zum Pflügen. Eines Tages lief ihm das Pferd davon. Alle Nachbarn kamen und bedauerten den Bauern wegen des Unglücks. »Woher wißt ihr, daß es ein Unglück ist?« fragte der Bauer ruhig.

In der nächsten Woche kam das Pferd zurück und brachte zehn Wildpferde mit. Die Nachbarn kamen alle und gratulierten dem Bauern zu seinem Glück. »Woher wißt ihr, daß es Glück ist?« fragte der Bauer. Eine Woche später ritt sein Sohn auf einem der wilden Pferde, fiel herunter und brach sich ein Bein. Nun war der Vater ohne Hilfe. Die Nachbarn kamen wieder und bedauerten das Unglück, aber der Bauer fragte ruhig: »Woher wißt ihr, daß es Unglück ist?«

In der folgenden Woche brach ein Krieg aus. Soldaten kamen ins Tal, um junge Männer mitzunehmen. Den Bauernsohn ließen sie da, weil er das gebrochene Bein hatte.

Alte Parabel

Drei Frösche

Es gab drei Frösche, die fielen in ein Faß Milch.

Als sie nicht wieder herauskonnten, war einer unter ihnen, der sagte: »Ach, wir werden schon irgendwie herauskommen, wir warten einfach ab, bis jemand kommt.« Er schwamm so lange herum, bis seine Atemwege von der Milch verklebt waren. Dann ging er unter.

Der zweite sagte: »Man kann ja überhaupt nichts machen!« und ging gleich unter.

Der dritte sagte: »Wollen wir doch strampeln. Man kann nie wissen.« Und so strampelte er stundenlang. Plötzlich spürte er etwas Festes unter seinen Füßen. Er hatte aus der Milch Butter gestrampelt. Nun kletterte er auf den Butterkloß und sprang hinaus.

Alte Fabel

Chance der Bärenraupe, über die Straße zu kommen

Keine Chance. Sechs Meter Asphalt.
Zwanzig Autos in einer Minute.
Fünf Laster. Ein Schlepper. Ein Pferdefuhrwerk.

Die Bärenraupe weiß nichts von Autos.
Sie weiß nicht, wie breit der Asphalt ist.
Sie weiß nichts von Fußgängern, Radfahrern,
Mopeds.

Die Bärenraupe weiß nur, daß jenseits
Grün wächst. Herrliches Grün, vermutlich freßbar.
Sie hat Lust auf Grün. Man müßte hinüber.

Keine Chance. Sechs Meter Asphalt.
Sie geht los. Geht los auf Stummelfüßen.
Zwanzig Autos in der Minute.

Geht los ohne Hast. Ohne Furcht. Ohne Taktik.
Fünf Laster. Ein Schlepper. Ein Pferdefuhrwerk.
Geht los und geht und geht und geht
und kommt an.

Rudolf Otto Wiemer

25. September

Das Eichhörnchen-Kind

Vor meinem Schreibstübchenfenster
turnt ein Eichhörnchen-Kind durch die Bäume.
Es springt von einem zum anderen.
Von Ast zu Ast.
So als ob das eine Kleinigkeit ist.

Woher weiß es, daß die Zweige,
die von hier unten sehr schwach aussehen,
sein Gewicht halten?
Ist das kleine Geschöpf nicht die Antwort
auf so viele unserer Menschenfragen?

Wir wissen, so ist es.
Aber wir werden niemals ergründen können,
warum es so ist.

Hinni

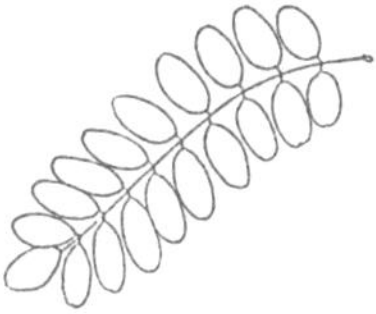

26. September

Vertrauen

In einem Krankenhaus lag ein Kind, das operiert werden sollte. Der Vater hatte es ins Krankenhaus gebracht und versuchte, dem Kind Mut zu machen.

»Vater«, sagte das Kind, »ich habe gar keine Angst, wenn du bei mir bleibst.« Da sagte der Vater: »Gut, ich bleibe bei dir.« Der Arzt erlaubte es, und so setzte sich der Vater neben sein Kind. Als das Kind Narkose bekommen sollte, sah es nochmals den Vater an und fragte: »Vater, bist du da?« Dann begann die Narkose zu wirken.

»Nun können Sie gehen«, meinte der Arzt, als das Kind eingeschlummert war und die Operation beginnen sollte. »Nein«, antwortete der Vater, »ich habe meinem Kind versprochen, bei ihm zu bleiben, und so möchte ich auch bleiben.«

Die Operation gelang. Als das Kind aus der Narkose erwachte, hielt der Vater noch immer seine Hand. »Vater, du bist da«, sagte das Kind ganz leise und lächelte.

Verfasser unbekannt

27. September

Ich habe Gott wettern lassen

Ein Mann hatte Kraut gesät. Da bat er Gott um einen Regen, denn er meinte, es wäre gut, auf daß der Same aufginge. Hierauf bat er den Herrn um Sonne, und er erhielt sie auch. Als es zu trocken zu werden schien, bat er abermals um Regen. Und so schenkte ihm Gott das Wetter, wie immer er es wünschte – aber es wuchs nichts.

Der Mann dachte, es wäre ein Mißwuchs im ganzen Lande entstanden, weil das Seine nicht geraten war, und er fügte sich in Geduld. Bald darauf kam er zu einem andern Mann, da sah er, daß dessen Garten voll hübschen Krautes war. »Lieber Bruder«, fragte er verwundert, »wie stellst du es an, daß du so schönes Kraut hast? Ich habe Gott gebeten um Sonne und Regen, wie ich wollte, also hatte ich Wetter und ist mir nichts gewachsen.«

Da sprach der andere zu ihm: »Weil du weiser sein wolltest als Gott und ihn das Wettermachen lehren, deshalb ist dir nichts gewachsen. Aber ich habe Gott wettern lassen, wie er wollte, und habe so schönes Kraut bekommen.«

Johannes Geiler von Kaysersberg (1445-1510)

Engel

Es müssen nicht Männer mit Flügeln sein,
die Engel.
Sie gehen leise, sie müssen nicht schrein,
oft sind sie alt und häßlich und klein,
die Engel.
Sie haben kein Schwert, kein weißes Gewand,
die Engel.
Vielleicht ist einer, der gibt dir die Hand,
oder er wohnt neben dir, Wand an Wand,
der Engel.
Dem Hungernden hat er das Brot gebracht,
der Engel.
Dem Kranken hat er das Bett gemacht,
und er hört, wenn du ihn rufst, in der Nacht,
der Engel.
Er steht im Weg und er sagt: Nein,
der Engel,
groß wie ein Pfahl und hart wie ein Stein –
es müssen nicht Männer mit Flügeln sein,
die Engel.

Rudolf Otto Wiemer

29. September

Krautgasse

Jeden Tag zwischen elf und zwölf (Engel
kommen mit Vorliebe vormittags) erscheint in der
Krautgasse, wo es nach Hund und verbranntem Gummi
stinkt, nach Windeln, Seifenlauge, Tischlerleim, der
Bote.
Pünktlich, mit der Präzision eines Briefträgers,
flügelschlagend im Mittagswind, landet er
auf der Dachrinne, wo das Fenster des
gelähmten Schusters ist, der neulich noch
Schnürsenkel verkaufte im Rollstuhl vor der
Stiftskirche (und nebenbei die Engel
fütterte, die dort scharenweis auf den Türmen
hausen), jetzt aber, weil der Stumpf eitert und
weil keine Hoffnung mehr ist (sagt der Arzt),
bettlägerig auf das Ende wartet und auf den
Boten.
Er füttert ihn (weil er weiß, was Engel gern
fressen) mit Hirse, mit Gerstenkörnern, mit
Mohn, er füttert den Engel gut, damit er nicht
wegbleibt.
Und er kommt (der Engel), kommt jeden Tag zwischen
elf und zwölf in die Krautgasse (wo es nach
Hund und verbranntem Gummi stinkt, nach Abfall,
nach Windeln, Seifenlauge, Tischlerleim),
pünktlich, mit der Präzision eines Briefträgers,

unscheinbar graublau, kopfnickend, auf der Brust
gesprenkelt, läßt sich füttern vom Schuster und
sagt ihm gurrend ins Ohr, was ihn tröstet,
bringt was er braucht: die Hoffnung, die Sonne über den
Dächern, den Schatten, die Angst, die schwarze Stunde
zuletzt.

Rudolf Otto Wiemer

Oktober

Am Ende die Rechnung

Einmal wird uns gewiß
die Rechnung präsentiert
für den Sonnenschein
und das Rauschen der Blätter,
die sanften Maiglöckchen
und die dunklen Tannen,
für den Schnee und den Wind,
den Vogelflug und das Gras
und die Schmetterlinge,
für die Luft, die wir geatmet haben,
und den Blick auf die Sterne
und für alle die Tage,
die Abende und die Nächte.

Einmal wird es Zeit,
daß wir aufbrechen und bezahlen.
Bitte die Rechnung.
Doch wir haben sie ohne den Wirt gemacht:
Ich habe euch eingeladen, sagt der und lacht,
soweit die Erde reicht:
Es war mir ein Vergnügen.

Lothar Zenetti

1. Oktober

Das große Fest

Ein Mann hatte viele Leute zu einem großen Essen eingeladen. Als der Tag da war, schickte er seinen Diener, um die Gäste zu bitten: »Kommt! Alles ist hergerichtet.« Aber einer nach dem andern ließ sich entschuldigen. Der erste erklärte: »Ich habe ein Stück Land gekauft, das muß ich mir jetzt unbedingt ansehen; bitte entschuldige mich.« – Ein anderer sagte: »Ich habe fünf Ochsengespanne gekauft und will gerade sehen, ob sie etwas taugen; bitte entschuldige mich.« – Ein dritter sagte: »Ich habe eben erst geheiratet, darum kann ich nicht kommen.« Der Diener kam zurück und berichtete alles seinem Herrn. Da wurde der Herr zornig und befahl ihm: »Lauf schnell auf die Straßen und Gassen der Stadt und hole die Armen, Krüppel, Blinden und Lahmen her.« Der Diener kam zurück und meldete: »Herr, ich habe deinen Befehl ausgeführt, aber es ist immer noch Platz da.« Da sagte der Herr zu ihm: »Geh auf die Feldwege und an die Hecken und Zäune und dränge die Leute zu kommen, damit mein Haus voll wird. – Das aber versichere ich euch: von den geladenen Gästen kommt mir keiner an meinen Tisch!«

Lukas 14, 16-24, Gute Nachricht

Brief an Andres

Lieber Andres! Hab eine neue Erfindung gemacht, und soll dir hier so warm mitgeteilt werden. Du weißt, daß in jeder gut eingerichteten Haushaltung kein Festtag ungefeiert gelassen wird und daß ein Hausvater zulangt, wenn er auf eine gute Art, und mit einigem Schein des Rechts, einen neuen an sich bringen kann. So haben wir beide, außer den Geburts- und Namenstagen, schon verschiedene andere Festtage eingeführt, als das Knospenfest, den Maimorgen, den Grünzüngel, wenn die ersten Erbsen und Bohnen gepflückt und zu Tisch gebracht werden sollen, und so weiter.

Nun ist wohl wahr, daß der Sommer und sonderlich das Frühjahr viel schön sind. Gestern aber, wie das mit den Erfindungen ist: man findet sie nicht, sondern sie finden uns, gestern, als ich im Garten gehe und an nichts denke, schießen mir mit einmal zwei neue Festtage aufs Herz, der Herbstling und der Eiszäpfel, beide gar erfreulich und nützlich zu feiern.

Der Herbstling ist kurz und wird mit Bratäpfeln gefeiert, wenn im Herbst der erste Schnee fällt. Der Eiszäpfel kann durchaus ohne einen Schneemann nicht gefeiert werden, und wenn's dunkel geworden, wird eine Laterne in den hohlen Kopf des Schneemanns getan, daß das Licht durch die Augen und den Mund herausscheint.

Lebe wohl, lieber Andres, und feire fleißig alle Festtage.

Den 3. Oktober 1782 Dein Matthias Claudius

Das Hochzeitsgeschenk

Irgendwo sollte eine Hochzeit gefeiert werden. Die Brautleute hatten nicht viel Geld, aber dennoch waren sie der Meinung, daß viele Leute mitfeiern sollten. Es sollte ein großes Fest werden. Sie baten die Eingeladenen, je eine Flasche Wein mitzubringen. Am Eingang würde ein großes Faß stehen, in das sie ihren Wein gießen könnten. Und so sollte jeder die Gabe des anderen mit trinken und jeder mit jedem froh sein.

Als nun das Fest eröffnet wurde, liefen die Kellner zu dem großen Faß und schöpften daraus. Doch wie groß war das Erschrecken aller, als sie merkten, daß es Wasser war! Wie versteinert saßen sie alle da, als ihnen bewußt wurde, daß jeder von ihnen gedacht hatte: Die eine Flasche Wasser, die ich hineingieße, wird niemand merken oder schmecken. Jeder hatte gedacht: Heute will ich auf Kosten anderer feiern. – Das Fest hat nicht stattgefunden.

Parabel

Ein Brot

Ein englischer Journalist kaufte ein Dreipfundbrot und stellte sich damit an belebte Straßenecken verschiedener Städte. Die Vorübergehenden forderte er auf, für dieses Brot eine Stunde lang zu arbeiten.

In Hamburg wurde er ausgelacht. In New York von der Polizei festgenommen. Im afrikanischen Lagos waren mehrere Personen bereit, für dieses Brot drei Stunden zu arbeiten.

Im indischen New Delhi hatten sich rasch hundert Personen angesammelt, die alle für dieses Brot einen ganzen Tag arbeiten wollten.

Verfasser unbekannt

5. Oktober

Unterlassene Hilfe

Dem Hungrigen gehört das Brot, das du zurückhältst,
dem Nackten das Kleidungsstück, das du im Schrank verwahrst,
dem Barfüßigen der Schuh, der bei dir verfault,
dem Bedürftigen das Silber, das du vergraben hast.
Du tust also vielen Unrecht, denen du hättest helfen können.

Basilius der Große (330-379 n.Chr.)

6. Oktober

Die Käuferin

Ich bin eine alte Frau.
Als Deutschland erwacht war
Wurden die Unterstützungen gekürzt. Meine Kinder
Gaben mir ab und zu einen Groschen, Ich konnte aber
Fast nichts mehr kaufen. Die erste Zeit
Ging ich also seltener in die Läden, wo ich früher täglich gekauft hatte.
Aber eines Tages dachte ich nach, und dann
Ging ich doch wieder täglich zum Bäcker, zur Grünkramhändlerin
Als alte Käuferin.
Sorgfältig wählte ich unter den Eßwaren
Griff nicht mehr heraus als früher, doch auch nicht weniger
Legte die Brötchen zum Brot und den Lauch zum Kohl und erst
Wenn zusammengerechnet wurde, seufzte ich
Wühlte mit meinen steifen Fingern in meinem Lederbeutelchen
Und gestand kopfschüttelnd, daß mein Geld nicht ausreiche
Das Wenige zu bezahlen, und ich verließ
Kopfschüttelnd den Laden, von allen Kunden gesehen.
Ich sagte mir:
Wenn wir alle, die nichts haben
Nicht mehr erscheinen, wo das Essen ausliegt
Könnte man meinen, wir brauchten nichts
Aber wenn wir kommen und nichts kaufen können
Weiß man Bescheid.

Bertolt Brecht

7. Oktober

Herr Puntila und sein Knecht

Ein Gutsherr aus unserer Gegend hat sich von einem Häusler in einer Nacht im Winter 1908 übers Eis vom See führen lassen. Sie haben gewußt, daß im Eis ein Riß war, aber nicht wo, und der Häusler hat vorausgehen müssen die zwölf Kilometer.

Dem Herrn ist Angst geworden, und er hat ihm einen Gaul versprochen, wenn sie hinüberkommen. Wie sie so in der Mitte gewesen sind, hat er wieder geredet und gesagt: »Wenn du durchfindest und ich brech nicht ein, kriegst du ein Kalb.« Dann hat man das Licht von einem Dorf gesehn, und er hat gesagt: »Gib dir Müh, damit du dir die Uhr verdienst.« Fünfzig Meter vom Ufer hat er noch von einem Sack Kartoffeln gesprochen, und wie sie da waren, hat er ihm eine Mark gegeben und gesagt: »Lang hast du gebraucht.«

Bertolt Brecht

Die Gerechtigkeit Gottes

Während der Rabbi Schalom Mardochaj eines Tages in seinem Haus saß und meditierte, war ein Pogrom losgebrochen: Die entfesselte Menge steckte die Synagoge in Brand.

Er aber, Rabbi Schalom, blieb ruhig im Haus bei seinem Gedanken sitzen. »Denn«, so erklärte der weise Rabbi, »gibt es eine Gerechtigkeit Gottes, so werden die Verbrecher ihre Strafe finden, und die Synagoge wird neu erstehen. Gibt es aber keine Gerechtigkeit Gottes – wozu brauchen wir dann eine Synagoge?«

Gregor von Rezzori

Leere Hände

Am Tag des Jüngsten Gerichts erschien ein Mensch vor Gott und sprach: »Herr, ich habe alle deine Gesetze beachtet. Ich habe nichts Unrechtes oder Böses getan. Sieh, meine Hände sind rein.«

Damit hielt er beide Hände vor Gottes Augen.

Dieser antwortete: »Sie sind es. Aber sie sind leer.«

Verfasser unbekannt

Das Wiedersehen

Ein Mann,
der Herrn K. lange nicht gesehen hatte,
begrüßte ihn mit den Worten:
»Sie haben sich gar nicht verändert.«
»Oh!« sagte Herr K. und erbleichte.

Bertolt Brecht

11. Oktober

Der Johannisbrotbaum

Ein Weiser ging einmal über Land und sah einen Mann, der einen Johannisbrotbaum pflanzte. Er blieb bei ihm stehen, sah ihm zu und fragte: »Wann wird das Bäumchen wohl Früchte tragen?« Der Mann erwiderte: »In siebzig Jahren.«

Da sprach der Weise: »Du Tor! Denkst du, in siebzig Jahren noch zu leben und die Früchte deiner Arbeit zu genießen? Pflanze lieber einen Baum, der eher Früchte trägt, daß du dich ihrer erfreuest in deinem Leben.«

Der Mann aber hatte sein Werk vollendet und sah freudig darauf und antwortete: »Herr, als ich zur Welt kam, da fand ich Johannisbrotbäume und aß von ihnen, ohne daß ich sie gepflanzt hatte, denn das hatten meine Väter getan. Habe ich nun genossen, wo ich nicht gearbeitet habe, so will ich einen Baum pflanzen für meine Kinder und Enkel, daß sie davon genießen. Wir Menschen mögen nur bestehen, wenn einer dem andern die Hand reicht.«

Parabel

Die Kornähre

Vor Zeiten, als Gott noch selbst auf Erden wandelte, da war die Fruchbarkeit des Bodens viel größer, als sie jetzt ist: damals trugen die Ähren nicht fünfzig- oder sechzigfältig, sondern vier- bis fünfhundertfältig. Da wuchsen die Körner am Halm von unten bis oben hinauf. Aber wie die Menschen sind, im Überfluß achten sie des Segens nicht mehr, der von Gott kommt, werden gleichgültig und leichtsinnig.

Eines Tages ging eine Frau an einem Kornfeld vorüber, und ihr kleines Kind, das neben ihr sprang, fiel in eine Pfütze und beschmutzte sein Kleidchen. Da riß die Mutter eine Handvoll der schönen Ähren ab und reinigte damit das Kleid.

Als der Herr, der eben vorüberkam, das sah, zürnte er und sprach: »Fortan soll der Kornhalm keine Ähre mehr tragen. Die Menschen sind es nicht wert.«

Die Umstehenden erschraken, fielen auf die Knie und flehten, daß er möchte noch etwas an dem Halm stehenlassen, weil sie sonst verhungern müßten. Der Herr, der ihr Elend voraussah, erbarmte sich und gewährte die Bitte. Also blieb noch oben die Ähre übrig, wie sie jetzt wächst.

Brüder Grimm

Er lacht

Nachdem die Mutter die köstliche Reissuppe aufgeteilt hat, sind alle schweigend damit beschäftigt, ihr Ehre anzutun. Mit einem Male zieht Martin den Hals ein bißchen ein, legt den Kopf schief und lacht vor sich hin.

Fünf Augenpaare blicken auf.

»Warum lachst du denn, du kleine Meerkatze?« fragt der Vater.

»Weil ich das so gern mag.« – »Was magst du so gern?« – »Das Lachen.«

Manfred Hausmann

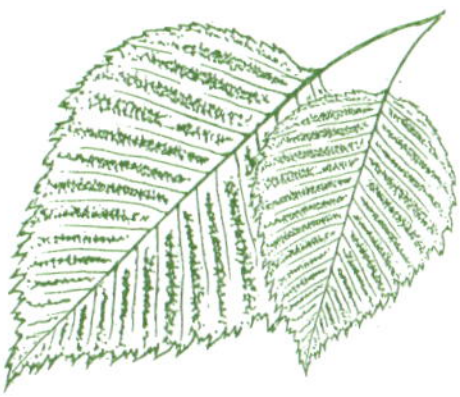

Der Schatz im Weinberg

Ein Landmann lag im Sterben, und da er wollte, daß aus seinen Söhnen tüchtige Bauern würden, ließ er sie zu sich kommen und sagte: »Liebe Söhne, in einem meiner Weinberge ist ein Schatz vergraben.«

Da griffen die Söhne nach dem Tod des Vaters zu Pflug und Hacke und gruben ihren ganzen ererbten Besitz um.

Den Schatz fanden sie nicht, aber die Weinberge vergalten ihnen ihren Fleiß hundertfach.

Äsop

15. Oktober

Die Schale des Verlangens

Ein König wollte einem Derwisch einen Wunsch erfüllen. Der Derwisch wünschte sich, daß man seine Bettelschale mit Goldmünzen füllen möge. Der König hielt es für die leichteste Sache der Welt, die Schale zu füllen. Aber die Schale erwies sich als eine Zauberschale.

Als der König versuchte, sie zu füllen, wurde sie nicht voll. Je mehr Geld hineingeschüttet wurde, um so leerer wurde sie. Er wurde sehr entmutigt bei dem Gedanken, daß er diese Schale nicht füllen könne. Da sagte ihm der Derwisch: »Majestät, wenn Sie meine Schale nicht füllen können, so sagen Sie es nur, und ich werde sie wieder mit mir nehmen. Ich bin ein Derwisch und werde wieder gehen und werde nur denken, daß Sie Ihr Wort nicht gehalten haben.«

Mit all seiner guten Absicht, mit all seiner Großzügigkeit und mit all seinem Reichtum konnte der Herrscher die Schale nicht füllen. Darum fragte er: »Derwisch, erzähle mir von dem Geheimnis deiner Schale.« Der Derwisch antwortete: »Ja, Majestät, es ist wahr, was Sie erkannt haben, es ist eine Zauberschale. Es ist die Schale eines jeden Herzens. Es ist das Herz des Menschen, das niemals zufrieden ist. Füllen Sie es, womit Sie wollen, mit Reichtum, mit Aufmerksamkeit, mit Liebe, mit Wissen, mit allem, was es gibt. Es wird niemals gefüllt sein, denn es ist ihm nicht bestimmt, gefüllt zu werden.«

Hazrat Inayat Khan

Wider die Verschwendungssucht

Wie lange noch, und es wird keinen See mehr geben, der nicht von den Giebeln eurer Landhäuser überragt wird? Wo immer heiße Quellen hervorsprudeln, wird man neue Prachtbauten errichten. Wo immer sich am Meeresstrand eine Bucht anbietet, sofort seid ihr zur Stelle und fangt zu bauen an. Eher gebt ihr euch nicht zufrieden, als bis ihr euch nicht auch noch den Boden selbst schafft und das Meer verdrängt. Mögen auch allerorts die Dächer eurer Paläste erstrahlen, hier auf Bergeshöhen Land und Meer weithin überschauend, dort von der Ebene aus bis in Gipfelhöhe aufgestockt.

Wieviel und wie großartig ihr auch bauen mögt, seid ihr doch jeder für sich nur ein einziger Körper, und ein wie winziger dazu! Warum so viele Schlafzimmer? In einem könnt ihr nur liegen! Wo ihr euch nicht aufhalten könnt, gehört euch auch nichts!

Seneca (55 v.Chr. – 40 n.Chr.)

17. Oktober

Sie zählen nicht

»Ich habe meine Frau verstoßen«, sagte ein weißgekleideter Herr. Er hatte ein mildes Gesicht und eine sanfte Simmte.

»Und jetzt sind Sie ohne Gattin?« erkundigte ich mich.

»Nein, nein«, sagte er. »Ich habe drei. Zwei in Karachi und eine in Lahore. Sie haben mir bis jetzt fünf Kinder geboren.«

»Mein Kompliment«, anerkannte ich. »Neun Personen sind eine schöne Familie.«

»Nicht neun, nur vier«, verbesserte der Herr. »Ich und meine drei Söhne. Die Frauen zählen nicht.«

Oriana Fallaci

18. Oktober

So ist das also

Als die Nachbarin achtzig Jahre alt wurde, kam ein Reporter. Er staunte und sagte: »Großartig, wie frisch und munter Sie noch sind! Haben Sie ein Geheimrezept? Ich würde gern mit achtzig auch noch so vital sein.«

»Ach, wissen Sie«, sagte die alte Dame, »ich habe eine Tochter, die mir jeden Wunsch von den Augen abliest. Sie tut wirklich alles für mich: Am Feierabend ist sie bei mir, die Wochenenden verbringen wir gemeinsam und selbstverständlich auch den Urlaub. Mir fehlt es an nichts.«

Kommentar des Reporters: »So ist das also, wenn Mütter Töchter haben!«

Anschließend traf der Reporter im Nebenzimmer diese Tochter. Er staunte und sagte: »Wenn ich Sie so anschaue, mache ich mir Sorgen um Sie. Wie abgespannt und erschöpft Sie wirken. Und nervös. Geht es Ihnen nicht gut?«

»Ach, wissen Sie«, sagte die Fünfundvierzigjährige, »wenn man neben einem anspruchsvollen Beruf noch eine anspruchsvolle Mutter hat, die jede freie Minute total in Anspruch nimmt, bleibt eine Überbeanspruchung nicht aus. Sie wissen nicht, wie das ist, jeden Abend, jedes Wochenende und jeden Urlaub mit einer alten Dame zu verbringen – auch wenn es meine fürsorgliche Mutter ist. Da ist man vor der Zeit verschlissen.«

Kommentar des Reporters: »So ist das also, wenn Töchter Mütter haben!«

Marianne Kawohl

19. Oktober

Von Nähe und Distanz

Eine Gesellschaft Stachelschweine drängte sich an einem kalten Wintertage recht nahe zusammen, um durch die gegenseitige Wärme sich vor dem Erfrieren zu schützen.

Jedoch bald empfanden sie die gegenseitigen Stacheln; welches sie dann wieder voneinander entfernte.

Wenn nun das Bedürfnis der Erwärmung sie wieder näher zusammenbrachte, wiederholte sich jenes zweite Übel, so daß sie zwischen beiden Leiden hin und her geworfen wurden, bis sie eine mäßige Entfernung voneinander herausgefunden hatten, in der sie es am besten aushalten konnten. Und diese Entfernung nannten sie Höflichkeit und feine Sitte.

Arthur Schopenhauer

20. Oktober

Mutter und Tochter

In meiner Heimatstadt lebte eine Frau mit ihrer Tochter. Beide wandelten im Schlaf.

Eines Nachts, als alle Welt schlief, trafen sich Mutter und Tochter schlafwandelnd in ihrem nebelverhangenen Garten. Und die Mutter sprach: »Endlich hab ich dich, Feindin! Du warst es, die meine Jugend zerstörte, und auf den Ruinen meines Lebens bist du groß geworden. Ich möchte dich töten!« Und die Tochter erwiderte: »Verhaßtes Weib, selbstsüchtige Alte! Immer noch stehst du meiner Freiheit im Weg. Mein Leben soll wohl immer ein Echo deines Lebens sein? Ach, wärest du doch tot!« In diesem Augenblick krähte der Hahn, und beide Frauen erwachten. Voller Sanftmut fragte die Mutter: »Bist du es, mein Herz?« Und die Tochter antwortete sanftmütig: »Ja, liebe Mutter.«

Kahlil Gibran

Mit freundlichen Grüßen

Eine berühmte Sängerin erhielt eines Tages einen Brief, der von Beleidigungen nur so strotzte. Freunde rieten ihr, den Briefschreiber zu verklagen. Sie aber winkte ab. Sie hatte eine bessere Methode.

Sie schickte den Brief an den Absender zurück und schrieb dazu: »Gestern wurde mir beiliegender Brief zugestellt. Ich sende ihn Ihnen zu, da Sie als angesehener Bürger wissen müssen, daß irgendein unverschämter Kerl in Ihrem Namen beleidigende Briefe schreibt. Mit freundlichen Grüßen.«

Verfasser unbekannt

22. Oktober

Das Tor

Als wir das zweite Jahr auf der Insel im Siangkiang wohnten, mußten wir den morschen Bambuszaun um unser Grundstück erneuern lassen. Nach dem Gewohnheitsrecht des Landes hatte der Hersteller des neuen Zaunes Anspruch auf Latten und Pfähle vom alten. Als er sie abholen wollte, fehlte das Tor, das noch in gutem Zustand gewesen war. Er kam zu mir und ließ merken, daß er unsern Zimmerjungen in Verdacht hatte. Ich bezweifelte das. Da sagte er, er wisse, wo Liang das Tor versteckt habe: im Kohlenkeller.

Ich rief Liang, der sich merklich verfärbte, und wir gingen in den Keller. Unter einem Kohlenhaufen lag das Tor.

Ich erwartete nichts Gutes, aber der Unternehmer verneigte sich gegen Liang und sagte lächelnd: »Ich danke dir, daß du auf mein Tor so gut achtgegeben hast. Es hätte verschwinden können.«

Da lebte unser Liang auf. Er lächelte zurück und verneigte sich dreimal hintereinander.

Richard Wolf

23. Oktober

Der Axtdieb

Ein Mann hatte seine Axt verloren und vermutete, daß sie ihm der Sohn des Nachbarn gestohlen habe.

Er beobachtete ihn genau und sah: Sein Gang war der eines Axtdiebes, sein Blick war der eines Axtdiebes. Alles, was er tat, sah nach einem Axtdieb aus.

Einige Tage später fand der Mann seine Axt unter einem Bretterhaufen, wo er sie aus Versehen hatte liegenlassen. Wenig später sah er den Sohn des Nachbarn: Sein Gang war nicht der eines Axtdiebes, und auch sein Blick war nicht der eines Axtdiebes. Er sah ganz und gar nicht aus wie ein Axtdieb.

Aus Polen

Hungerzeiten

Der Diakon Quint hatte erfahren, daß in Moos-Kirchen eine Frau aus Nürnberg ihren Ehering aus Not für eine Tasche voll Kartoffeln eingetauscht hatte, und ermahnte von der Kanzel den Empfänger, den Ring zurückzugeben, daß heißt, ihn ungesehen in den Opferstock zu legen.

Er rührte an die verschwarteten Herzen und sprach vom Sakrament der Ehe.

Es ist noch zu erwähnen, daß nach jener Mahnpredigt des Diakons Quint im Lauf der folgenden Tage und Wochen fünf Eheringe im Opferstock lagen, woraufhin der Diakon in seiner Sonntagspredigt das Gleichnis von den fünf Eheringen erzählte, das in keiner Bibel zu finden ist.

Christine Brückner

Nur bei Anwendung

Ein Seifenfabrikant sagte einem Priester: »Das Christentum hat nichts erreicht. Obwohl es schon bald zweitausend Jahre gepredigt wird, ist die Welt nicht besser geworden. Es gibt immer noch Böses und böse Menschen.«

Der Priester wies auf ein ungewöhnlich schmutziges Kind, das am Straßenrand im Dreck spielte, und bemerkte: »Seife hat nichts erreicht. Es gibt immer noch Schmutz und schmutzige Menschen in der Welt.«

»Seife«, entgegnete der Fabrikant, »nutzt nur, wenn sie angewendet wird.«

Der Priester antwortete: »Christentum auch.«

Gisbert Kranz

Das Reiskorn

In einer indischen Stadt herrschte große Aufregung. Der Radschah wurde erwartet. Ein Bettler machte sich am frühen Morgen auf den Weg, um die Prozession zu sehen. Viele Leute warteten bereits am Rand der Straße, und in ihrer frohen Stimmung warfen sie ihm bereitwillig Hände voll Reis in seinen Korb.

»Sie geben mir Reis«, sagte der Bettler bei sich, »der Radschah wird mir Gold geben.«

Endlich näherte sich der Erwartete, auf einem riesigen Elefanten reitend. »Erbarmt Euch meiner«, schrie der Bettler, »schenkt mir was!« Der Radschah beugte sich hinab: »Gebt Ihr mir etwas«, sagte er.

Aber was konnte ein armer Bettler einem Radschah schenken? Ärgerlich und enttäuscht pickte der Bettler ein Reiskorn aus dem Korb und reichte es mit böser Miene dem Begleiter des Radschah.

Die Prozession war längst vorüber, als der Bettler zufällig in seinen Korb schaute: Statt des Reiskorns lag ein ebenso großes Stück Gold darin. »Ich Narr«, schrie er, »warum gab ich ihm nicht alles, was ich hatte?«

H. L. Gee

27. Oktober

Alles, was sie hatte

Als Jesus einmal dem Opferkasten gegenübersaß, sah er zu, wie die Leute Geld in den Kasten warfen. Viele Reiche kamen und gaben viel. Da kam auch eine arme Witwe und warf zwei kleine Münzen hinein.

Er rief seine Jünger zu sich und sagte: »Amen, ich sage euch: Diese arme Witwe hat mehr in den Opferkasten hineingeworfen als alle anderen. Denn sie alle haben nur etwas von ihrem Überfluß hergegeben; diese Frau aber, die kaum das Nötigste zum Leben hat, sie hat alles gegeben, was sie besaß, ihren ganzen Lebensunterhalt.«

Markus 12, 41-44, Gute Nachricht

Der Irrtum

Ein Kardinal war wegen seiner Freigebigkeit berühmt. Einmal bat ihn eine arme Frau, er möge ihr in ihrem Elend helfen und ihr fünf Scudi geben. Der Kardinal schrieb ihr einen Gutschein für seinen Schatzmeister aus. Als die Frau kam, zahlte der Schatzmeister fünfzig Scudi.

»Aber ich habe nur um fünf gebeten«, bemerkte die Frau. Der Schatzmeister zeigte ihr, daß der Gutschein über fünfzig lautete. Da trug sie ihn dem Kardinal zurück und sagte: »Eminenz, Ihr habt Euch um eine Null geirrt.«

Der Kardinal betrachtete den Gutschein und meinte lächelnd: »Tatsächlich – ich habe mich um eine Null geirrt.« Und schrieb fünfhundert Scudi.

Verfasser unbekannt

29. Oktober

Redlichkeit

Es war im Speisesaal des Miyako-Hotels in der alten japanischen Kaiserstadt Kyoto.

Wir saßen noch beim Abendbrot, da trat der Chef des Saales an unsern Tisch, neben ihm die Bedienerin: »Sie möchte sich entschuldigen. Heute mittag hat sie Ihnen einen Yen zuviel berechnet. Wir haben das Versehen erst vorhin bemerkt. Bitte verzeihen Sie uns!«

Beide verneigten sich so tief, wie man sich nur in Japan verneigt.

Ein Yen, das waren damals dreißig Pfennige.

Richard Wolf

Nicht käuflich

Alexander der Große schickte dem Phokion, der in armseligen Verhältnissen lebte, hundert Talente.

Phokion fragte den Überbringer, warum er dieses Geld erhalte. »Weil Alexander dich für den rechtschaffensten Athener hält.« »Nun«, erwiderte Phokion, »so lass' er mich das auch bleiben«, und wies das Geschenk zurück.

Aus Griechenland

November

Willst du gesund werden?

In der Nähe des Schaftors, in Jerusalem, liegt der Teich Bethesda, wie er auf hebräisch genannt wird. Er ist von fünf Säulenhallen umgeben. Viele Kranke, Blinde, Gelähmte lagen dort und warteten darauf, daß sich die Wellen auf dem Wasser zeigten. Von Zeit zu Zeit bewegte nämlich ein Engel Gottes das Wasser. Wer dann als erster in den Teich kam, der wurde gesund; ganz gleich, welches Leiden er hatte.

Einer von den Menschen, die dort lagen, war schon seit achtunddreißig Jahren krank. Als Jesus ihn sah und hörte, daß er schon so lange an seiner Krankheit litt, fragte er ihn: »Willst du gesund werden?«

»Ach Herr«, entgegnete der Kranke, »ich habe niemanden, der mir in den Teich hilft, wenn sich das Wasser bewegt. Versuche ich es aber allein, komm ich immer zu spät.« Da forderte ihn Jesus auf: »Steh auf, rolle deine Matte zusammen und geh!«

In demselben Augenblick war der Mann geheilt.

Johannes 5, 2-9, Gute Nachricht

Der Geschichtenerzähler

Wie man Geschichten erzählen soll?
So, daß sie einem selbst helfen.

Mein Großvater war lahm. Einmal bat man ihn, eine Geschichte von seinem Lehrer zu erzählen. Da erzählte er, wie der große Baalschem beim Beten zu hüpfen und zu tanzen pflegte. Mein Großvater stand und erzählte, und die Erzählung riß ihn so hin, daß er hüpfend und tanzend zeigen mußte, wie der Meister es gemacht hatte.

Von der Stunde an war er geheilt.

So soll man Geschichten erzählen!

Chassidische Legende

2. November

Eine andere Sprache

Manuel ist ein hübscher Junge mit einem schmalen Gesicht und großen, dunklen Augen. Steinchen um Steinchen läßt er in den Kreis fallen, weiter nichts. Melanie ist auch auf dem Spielplatz. »Bist du traurig?« fragt sie. Doch Manuel antwortet nicht. Da schmeißt Melanie auch Steinchen. Nun werfen sie abwechselnd, einmal der Junge, einmal sie, bis es Melanie langweilig wird.

Sie holt eine Handvoll abgefallenes Laub und beginnt, Blätter in den Kreis zu legen. Manuel schaut sie an. Dann macht er es ihr nach. »Paß auf!« sagt Melanie. Sie zieht eine Sandale aus und stellt sie in die Mitte des Kreises. Dann die zweite.

Manuel zögert. Doch schließlich streift er seine Schuhe ab und stellt sie daneben. Den rechten und den linken. Und auf einmal lacht er Melanie an. Melanie wird ganz froh, weil er lacht.

»Er ist ein behindertes Kind«, erklärt der Vater ihr abends zu Hause. »Er kann noch nicht alles, was andere Kinder in seinem Alter können. Für ihn ist es schwieriger, etwas zu lernen.« »Aber er kann lernen«, sagt Melanie. »Es ist, als ob er eine andere Sprache spricht. Mit seinen Händen spricht er und mit seinen Augen. Und ich verstehe ihn.« *Gina Ruck-Pauquét*

Normal

Als ich neun Jahre alt war, begegnete ich auf dem Blücherplatz einem Jungen, der im Rollstuhl saß.

Ich war verblüfft, als ich sah, mit welcher Geschicklichkeit der Behinderte dieses Gefährt bewegte. Schließlich fragte ich ihn, wie man diesen Stuhl lenken könne. Der Junge holte aus und gab mir eine Ohrfeige. Das ließ ich mir nicht gefallen und schlug zurück. Anschließend tat es mir leid, und ich lief weg.

Fünf Jahre später lag ich nach einem schweren Verkehrsunfall im Krankenhaus, und im gleichen Zimmer lag der Junge von damals. Nachdem wir uns wiedererkannt hatten, geschah etwas für mich sehr Erstaunliches: Er bedankte sich bei mir für die Ohrfeige, weil ich der »Erste« gewesen sei, der ihn, trotz seiner Behinderung, wie einen ganz normalen Menschen behandelt hätte.

Peter Knipprath

misere

als der läufer zusammenbrach,
standen die trainer ratlos.
sie hatten alles trainiert,
nur nicht die niederlage.

Kurt Bartsch

5. November

klage eines chronisch kranken

im vorübergehen
fragt mein nachbar
wie es gehe
er fragt nicht
weil er mitgehen will
er fragt
weil er weitergehen will
ich antworte
es geht
aber es geht nicht
so nicht

Rudolf Bohren

So ist das

95 Jahre leben Sie schon auf dieser Erde?
frage ich ganz erschrocken.

Ja, sagt die alte Dame, die seit Jahren nicht mehr ohne fremde Hilfe leben kann.

Wie alt sind Sie denn? fragt sie mich.

47 Jahre.

47?? . . . Ach, Sie Kind.

Hinni

7. November

Alles muß man erfahren

Als ich so saß und die alte Frau ansah, da sah ich mich plötzlich selber so dasitzen, alt und aufgequollen und schon halb tot, und das war kein angenehmes Bild. Da bekam ich Angst, und ich ging schnell ins Freie, in den kleinen Garten hinterm Haus. Da hatte ich Dahlien und Astern gepflanzt, die blühten.

Aber dann dachte ich: Siehst du, so gehst du jeder wichtigen Erkenntnis aus dem Weg und der nackten Wahrheit. Geh du nur wieder hinein und sieh dir die alte Frau an und dich selber. Es schadet gar nichts, wenn dir schaudert, das gehört mit zum Leben. Alles muß man erfahren, und man erfährt das Wichtigste nicht, wenn man nichts Häßliches sehen will. Da ging ich also wieder hinein.

Luise Rinser

Antwort auf eine Frage

Ich besuchte eine alte Dame, und wir sprachen lange und intensiv miteinander. Dann fragte ich sie, was sie ändern würde, wenn sie ihr Leben noch einmal leben könnte, und ob sie etwas bereue.

Sie war im Begriff, mir zu antworten, dann stand sie jedoch plötzlich auf und ging in ihr Arbeitszimmer. Eine Minute später kam sie zurück und brachte mir ein Blatt Papier. »Hier steht die Antwort auf Ihre Frage«, sagte sie lächelnd. »In diesem Brief einer fünfundachtzigjährigen Frau.«

Im letzten Absatz des Briefes las ich: »... und wenn ich mein Leben noch einmal leben dürfte, dann würde ich mehr Fehler und mehr Wagnis riskieren. Ich würde mehr auf Berge klettern und mehr in Flüssen schwimmen. Ich würde weniger Bohnen und mehr Eis essen. Wenn ich mein Leben noch einmal leben könnte, würde ich bestimmt mehr Gänseblümchen pflücken.«

Elisabeth Kübler-Ross

Ich gehe langsam

Nun muß ich langsam gehn ...
die müden Füße
sie wollen mich nicht schnell mehr tragen.

Ich klage nicht ...
die Welt ist schön
und ich hab Zeit an meinen alten Tagen.

Ich gehe langsam ...
sehe Schritt um Schritt
die Heimlichkeiten, die am Wege leben,
und schau der Blumen Seele ganz von nah.
Statt Lärm des Tages hör ich Stille singen.
Geheimnisse, die hastend ich nicht sah,
nun find ich sie in leisen, kleinen Dingen.

Ellen Jochema

Die Blätter fallen

Die Blätter fallen. Fallen wie von weit,
Als welkten in den Himmeln ferne Gärten;
Sie fallen mit verneinender Gebärde.

Und in den Nächten fällt die schwere Erde
Aus allen Sternen in die Einsamkeit.

Wir alle fallen. Diese Hand da fällt.
Und sieh dir andre an: es ist in allen.

Und doch ist Einer, welcher dieses Fallen
Unendlich sanft in seinen Händen hält.

Rainer Maria Rilke

11. November

Generationen

In Mazedonien war es in früheren Zeiten üblich, daß die alten Menschen, wenn sie krank und gebrechlich waren, auf den Bergen ausgesetzt wurden.

Eines Tages trug ein junger Bauer seinen alten Vater ins Gebirge. Als er ihn dort absetzen wollte, bat der Vater, ihn noch ein Stück weiter hinaufzutragen. Auf die Frage, warum ihm der Ort nicht gefalle, meinte der Alte: »Bis hierher habe ich meinen Vater getragen, und ich möchte gern an einem anderen Ort sterben.«

Da fiel dem jungen Bauern ein, daß es ihm in etwa dreißig Jahren ebenso ergehen werde. Er kehrte mit seinem Vater um und verbarg ihn zu Hause.

Aber nun fiel den Nachbarn auf, daß der Hof dieses jungen Bauern aufblühte, und sie überlegten, daß da doch jemand dasein müsse, der den Jungen mit Erfahrungen und Ratschlägen unterstütze. Sie fragten nach, und als sie die Wahrheit erfuhren, machten sie es ihm nach.

Aus Jugoslawien

Drei Drittel

Ein Fürst traf auf einem Spazierritt einen fleißigen und frohen Landmann an dem Ackergeschäft an und ließ sich mit ihm in ein Gespräch ein. Nach einigen Fragen erfuhr er, daß der Acker nicht sein Eigentum sei, sondern daß er als Tagelöhner täglich um 15 Kreuzer arbeite.

Der Fürst verstand nicht, wie es möglich sei, täglich mit 15 Kreuzern auszureichen und so frohen Mutes dabei zu sein, und verwunderte sich darüber. Der brave Landmann erwiderte ihm: »Es wäre übel, wenn ich soviel brauchte. Mir muß ein Dritteil davon genügen; mit dem anderen Dritteil zahle ich meine Schulden ab, und den übrigen Dritteil lege ich auf Kapitalien an.«

Das war dem guten Fürsten ein neues Rätsel. Aber der fröhliche Landmann fuhr fort und sagte: »Ich teile meinen Verdienst mit meinen alten Eltern, die nicht mehr arbeiten können, und mit meinen Kindern, die es erst lernen müssen; jenen vergelte ich die Liebe, die sie mir in meiner Kindheit erwiesen haben, und von diesen hoffe ich, daß sie mich einst, in meinem müden Alter, auch nicht verlassen werden.«

Johann Peter Hebel

13. November

Der alte Großvater und der Enkel

Es war einmal ein steinalter Mann, dem waren die Augen trüb geworden, die Ohren taub, und die Knie zitterten ihm. Wenn er nun bei Tische saß und den Löffel kaum halten konnte, schüttete er Suppe auf das Tischtuch, und es floß ihm auch etwas wieder aus dem Mund. Sein Sohn und dessen Frau ekelten sich davor, und deswegen mußte sich der alte Großvater endlich hinter den Ofen in die Ecke setzen, und sie gaben ihm sein Essen in ein irdenes Schüsselchen und noch dazu nicht einmal satt. Da sah er betrübt nach dem Tisch, und die Augen wurden ihm naß. Einmal auch konnten seine zittrigen Hände das Schüsselchen nicht festhalten, es fiel zur Erde und zerbrach. Die junge Frau schalt, er sagte aber nichts und seufzte nur. Da kaufte sie ihm ein hölzernes Schüsselchen für ein paar Heller, daraus mußte er nun essen. Wie sie da so sitzen, da trägt der kleine Enkel von vier Jahren kleine Brettlein zusammen. »Was machst du da?« fragte der Vater. »Ich mache ein Tröglein«, antwortete das Kind, »daraus sollen Vater und Mutter essen, wenn ich groß bin.«

Da sahen sich Mann und Frau eine Weile an, fingen endlich an zu weinen, holten sofort den alten Großvater an den Tisch und ließen ihn von nun an immer mitessen, sagten auch nichts, wenn er ein wenig verschüttete.

Brüder Grimm

Der Spiegel

Ein junger Samurai reiste im Gefolge seines Lehnsherrn in die Hauptstadt und brachte bei der Rückkehr unter anderen Dingen für seine Frau einen Spiegel mit. Da sie noch nie einen solchen gesehen hatte und auch nicht wußte, wozu er dienen sollte, fragte sie ihren Mann, was man damit anfangen könne. Er lachte überlegen und forderte sie auf, ihn vor ihre Augen zu halten.

Sie tat es, erblickte ein hübsches lächelndes Anlitz und fragte verwundert: »Wem gehört dieses schöne Gesicht?« – »Oh, wie bist du dumm. Es ist doch dein eigenes«, antwortete der Mann.

Da schämte sich die junge Frau ihrer Unwissenheit und verbarg den Spiegel in ihrer Lade.

Nach vielen Jahren, als sie zu sterben kam, sagte sie zu ihrer Tochter: »Wenn ich tot bin, wirst du in der Lade einen Spiegel finden. In den mußt du jeden Morgen hineinschauen, dann wirst du mich sehen, wie ich voreinst in jungen Jahren aussah. Sei deshalb nicht traurig, ich werde immer bei dir sein.«

Die Tochter hat zeit ihres Lebens allmorgendlich in den Spiegel geblickt und immer geglaubt, sie unterhalte sich mit ihrer verstorbenen Mutter.

Ist nicht die Gegenwart nur der Schatten der Vergangenheit?

Aus Japan

Ein Opfer

Eines Tages wurde ich von einem alten Arzt aufgesucht, dessen Frau – nach ideal glücklicher Ehe – gestorben war. Der Arzt hatte den Schmerz um den Verlust seiner Frau nicht verwinden können und kam wegen seiner schweren Depression zu mir.

Ich fragte ihn nun, ob er sich überlegt hätte, was geschehen wäre, wenn nicht seine Frau, sondern er selbst als erster gestorben wäre.

»Nicht auszudenken«, versicherte der Kollege, »meine Frau wäre verzweifelt gewesen!«

»Sehen Sie«, erwiderte ich nun, »dies ist Ihrer Frau erspart geblieben, und Sie haben es ihr erspart um den Preis, daß sie nunmehr ihr nachtrauern müssen.«

Im gleichen Augenblick hatte seine Trauer einen Sinn bekommen: den Sinn des Opfers.

Viktor E. Frankl

16. November

Wenn ich gestorben bin

wenn ich gestorben bin
hat sie gewünscht
feiert nicht mich
und auch nicht den tod
feiert DEN
der ein gott der lebendigen ist

wenn ich gestorben bin
hat sie gewünscht
zieht euch nicht dunkel an
das wäre nicht christlich
kleidet euch hell
singt heitere lobgesänge

wenn ich gestorben bin
hat sie gewünscht
preiset das leben
das hart ist und schön
preiset DEN
der ein gott von lebendigen ist.

Kurt Marti

17. November

An mein totes Kind

Es gibt keine Geburtsurkunde von Dir. Und auch kein Totenschein zeugt davon, daß es Dich einmal gab. Aber ich habe mit Dir geredet, still und zärtlich; habe Deine Bewegungen gespürt in mir, habe Dich wahrgenommen, Dich, Du kleiner, winziger Mensch in mir. Die Hand Deines Vaters spürte Deine zarten Stöße. Deine Geschwister legten voll Neugier und Erwartung ihre kleinen Hände auf meinen Leib.

Und jetzt gibt es nichts mehr von Dir. Kein Grab, keine Urkunde, nur die Klinikrechnung. – Abgang.

Abgegangen von der Bühne des Lebens, bevor Dein Auftritt richtig begonnen hatte. (Wann beginnt eigentlich das Leben?) Aus meiner Erinnerung, aus meinem Herzen, bist Du nicht abgegangen. Wo sollen meine Gedanken Dich aufsuchen? Werde ich Dir begegnen, wenn auch ich die Bühne dieses Lebens verlasse?

Du kamst, Du gingst mit leiser Spur,
ein flüchtger Gast im Erdenland.
Woher? Wohin? Wir wissen nur:
Aus Gottes Hand in Gottes Hand.

Doris Henninger

Das Pfand

Der Rabbi kam aus dem Bethaus. Er vermißte seine beiden Söhne. Mehrmals fragte er seine Frau, wo die Knaben seien. Sie gab ausweichende Anworten.

Später sprach sie: »Vor etlicher Zeit kam ein Fremder zu mir und gab mir ein Pfand, damit ich es bewahre. Es waren zwei kostbare Perlen von großer Schönheit. Ich hatte meine Freude an ihnen, als wären sie mein. Heute, als du im Bethaus warst, ist der Fremde gekommen und hat sein Pfand zurückverlangt. Soll ich es ihm wiedergeben?« Streng rügte der Rabbi: »Welch eine Frage? Wie kannst du zögern, anvertrautes Gut zurückzugeben?«

Da nahm ihn die Frau bei der Hand und führte ihn in die Schlafkammer. Sie hob die Decke vom Bett. Da lagen die Knaben, still und schön. Beide waren tot.

Der Rabbi schrie laut auf und warf sich über seine Söhne. Sie aber sprach: »Hast du nicht gesagt, das Pfand müsse zurückgegeben werden? Der Herr hat es gegeben, der Herr hat es genommen. Der Name des Herrn sei gelobt.«

Jüdische Legende

Nicht vergessen!

Auch von den Toten bleibt auf Erden
noch ein Schein zurück,
und die Nachgelassenen sollen nicht vergessen,
daß sie in seinem Licht stehen.

Theodor Storm

20. November

Ist nicht alles umsonst?

Am Rande der Wüste lebte ein Eremit. Eines Tages besuchte ihn ein Jüngling und klagte ihm sein Leid.

»Ich lese so viele heilige Texte«, sagte er. »Ich studiere in den Büchern und vertiefe mich in die Schönheit all der Worte. Ich möchte sie behalten und als einen Widerschein der ewigen Wahrheit in mir bewahren. Aber es gelingt mir nicht. Alles vergesse ich! Ist die mühevolle Arbeit des Lesens und Studierens umsonst?«

Der Eremit hörte ihm gut zu. Als er fertig war mit dem Sprechen, gab er ihm einen Binsenkorb. »Hol mir aus dem Brunnen dort drüben Wasser«, sagte er zu dem Jüngling. »Hat er meine Frage nicht verstanden?« fragte sich dieser.

Widerwillig nahm er den von Staub verschmutzten Korb auf und schöpfte Wasser, das längst herausgelaufen war, als er zurückkehrte. »Geh noch einmal«, sagte der Eremit. Der junge Mann gehorchte. Immer wieder füllte er Wasser in den Korb, immer wieder rann es zu Boden. Nach dem zehnten Mal konnte er aufhören.

»Sieh den Korb an«, sagte der Eremit. »Er ist ganz blank geworden. So geht es dir mit den Worten, die du liest und bedenkst. Du kannst sie nicht festhalten, sie gehen durch dich hindurch, und du hältst die Mühe für vergeblich. Aber, ohne daß du es merkst, klären sich deine Gedanken und machen dein Herz rein.«

Verfasser unbekannt

Du Narr!

Ein reicher Bauer hatte eine besonders gute Ernte gehabt.

»Was soll ich nur tun?« überlegte er. »Ich weiß nicht, wo ich das alles unterbringen soll. – Ich hab's«, sagte er, »ich reiße meine Scheunen ab und baue größere! Dann kann ich das ganze Getreide und alle meine Vorräte dort unterbringen und kann zu mir selbst sagen: Gut gemacht! Jetzt bist du auf viele Jahre versorgt! Iß und trink nach Herzenslust und genieße das Leben!«

Aber Gott sagte zum ihm: »Du Narr, noch in dieser Nacht muß du sterben!«

Lukas 12, 16-20, Gute Nachricht

Planung

Hör dir das an, Gott, ich will heute
mit dem Auto unterwegs sein, morgen
schließ ich den Kaufvertrag ab, das
neue Haus wird in zehn Monaten
stehn, dann ziehen wir ein, machen
das dritte Kind, schicken das erste zur
Schule, das Geschäft wird vergrößert, den
Kompagnon schmeiße ich raus, kaufe das
restliche Aktienpaket, übernehme den
Vorsitz in der Waschmittelgesellschaft,
wechsle die Freundin, der Bungalow im
Tessin ist fällig, die Gören springen
mir von der Tasche, die Frau hat eine
Operation, ich bin Generaldirektor,
vielleicht Prostata, gut, wird repariert,
man ist sechzig, Konzern gesund, rapide
wächst das Grundkapital, glänzende
Aussichten für die nächsten zehn Jahre,
was sag ich, für zwanzig – hör dir das an,
Gott, und komme mir nicht dazwischen.

Rudolf Otto Wiemer

Allahs Bote

Eines Tages stand ein junger Mann im Zelt des Scheichs. »Wer bist du?« fragte der Scheich. »Ich bin Allahs Bote und werde der Engel des Todes genannt.« Der Scheich wurde bleich vor Schrecken. »Was willst du von mir?« – »Ich soll dir sagen, daß dein letzter Tag gekommen ist. Mach dich bereit. Wenn morgen abend die Sonne untergeht, komme ich, um dich zu holen.«

Der Bote ging. Das Zelt war leer. Fröhlich klatschte der Scheich in die Hände und befahl einem Sklaven, das schnellste und beste Kamel zu satteln. Er lächelte noch einmal, weil er an den Boten dachte, der morgen abend das Zelt leer finden würde.

Bald war der Scheich weit in der Wüste draußen. Er ritt die ganze Nacht und den ganzen Tag. Er gönnte sich keine Rast. Je weiter er kam, um so leichter war ihm ums Herz. Er sah die Oase, zu der er wollte. Als die Sonne unterging, erreichte er die ersten Palmen. Jetzt war er weit, weit weg von seinem Zelt. Müde stieg er ab und führte sein erschöpftes Tier zum Brunnen.

Am Brunnen saß ruhig und wartend der Bote, der sich Engel des Todes genannt hatte, und sagte: »Gut, daß du da bist. Ich habe mich gewundert, daß ich dich hier, so weit von deinem Zelt, abholen sollte. Ich habe mit Sorge an den weiten Weg und an die brennende Sonne und an dein hohes Alter gedacht. Du mußt sehr schnell geritten sein ...«

Albert Filchner

Wie der Mittwoch kommt

Wie der Mittwoch kommt,
der Donnerstag kommt,
der Freitag kommt,
kommt auch der Tag,
dessen Datum du nicht liest in der Zeitung,
dessen Kalenderblatt
ein anderer abreißt

Rudolf Otto Wiemer

25. November

Mein Vater

Mein Vater ist kein alter Mann,
ist es auch nie gewesen.
Er war ein junger toter Mann.
Ich denk an ihn,
ich sprech mit ihm
und hab ihn nie gekannt,
hab nur von ihm gelesen.

Mein Vater war so jung schon alt,
so alt will ich nie werden,
mein Vater war so jung schon kalt.
Seine Spur im Sand
bin ich.

Ilona Huch

Der dritte in diesem Jahr

Sechzehn Jahre jung – gestorben an der Härte der Welt.

Als sie von seiner Beerdigung kamen, schwiegen sie betroffen. Vater und Mutter weinten bitterlich. Ihr Sohn hatte sich das Leben genommen.

»Das ist schon der dritte in diesem Jahr«, sagte der Pfarrer.

Niemand fragte, wie groß die Verzweiflung und die Einsamkeit der Jungen noch sein müsse, um sie zu bemerken. Das Leben nahm weiter seinen Lauf.

Es änderte sich nichts.

Es änderte sich keiner.

Team Ökumenischer Kreuzweg der Jugend

Grabspruch

Je länger du dort bist,
Um so mehr bist du hier,
Je weiter du fort bist,
Um so näher bei mir,
Du wirst mir notwendiger,
Als das tägliche Brot ist –
Du wirst lebendiger,
Je länger du tot bist.

Börries Freiherr von Münchhausen

28. November

Vorbereitung auf die Ewigkeit

Der Student Christoph Probst, der dem Widerstand gegen Hitler angehörte, schrieb am Tag seiner Hinrichtung 1943, mit 24 Jahren, an seine Schwester:

»Ich habe nicht gewußt, daß Sterben so leicht ist. Ich sterbe ganz ohne Haßgefühle. Vergiß nie, daß das Leben nichts ist als ein Wachsen in der Liebe und ein Vorbereiten auf die Ewigkeit.«

Mündlich überliefert

29. November

Das könnte manchen herren so passen

Das könnte manchen herren so passen
wenn mit dem tode alles beglichen
die herrschaft der herren
die knechtschaft der knechte
bestätigt wäre für immer

das könnte manchen herren so passen
wenn sie in ewigkeit
herren blieben im teuren privatgrab
und ihre knechte
knechte in billigen reihengräbern

aber es kommt eine auferstehung
die anders ganz anders wird als wir dachten
es kommt eine auferstehung die ist
der aufstand gottes gegen die herren
und gegen den herrn aller herren: den tod

Kurt Marti

Dezember

Ankündigung

Gott sandte den Engel Gabriel nach Nazareth in Galiläa zu einem jungen Mädchen namens Maria. Es war mit einem Mann verlobt, der Josef hieß und von König David abstammte.

Der Engel kam zu Maria und sagte: »Freu dich, Maria, Gott hat dich zu Großem ausersehen!« Maria erschrak über diesen Gruß und überlegte, was er bedeuten sollte.

Der Engel fuhr fort: »Hab keine Angst, Maria; du hast Gnade bei Gott gefunden! Du wirst schwanger werden und einen Sohn zur Welt bringen. Den sollst du Jesus nennen. Er wird groß sein und wird ›Sohn des Höchsten‹ genannt werden. Gott, der Herr, wird ihm das Königtum seines Vorfahren David übertragen. Er wird für immer über die Nachkommen Jakobs regieren. Seine Herrschaft wird nie zu Ende gehen.«

Lukas 1, 26-33, Gute Nachricht

Miteinander warten

Die Mutter zündet die erste Kerze am Adventskranz an. Jakob schaut in den Kerzenschein.

»Warum muß man so lange auf das Christkind warten?« fragt er. »Vier große Kerzen lang?«

»Auf etwas Schönes muß man meistens warten«, sagt die Mutter. »Etwas Schönes braucht Zeit zum Wachsen. Zum Beispiel, bis ein Kind geboren wird. Damals haben die Menschen lange Zeit auf die Geburt des Christkinds gewartet. ›Wann kommt es denn endlich?‹ haben sie gefragt. Auch die Mutter Maria hat viele Monate lang gewartet, bis sie das Christkind zur Welt bringen konnte.«

»Hast du auf mich auch so lange warten müssen?« fragt Jakob. – »Ja freilich«, sagt die Mutter. – »Dafür war ich dann schön, und du hast dich gefreut«, sagt Jakob. – »Sehr gefreut«, sagt die Mutter. Jakob schaut wieder in den Kerzenschein. »Miteinander warten ist nicht so arg«, sagt er.

Lene Mayer-Skumanz

Advent

Holt den Sohn vom Bahnhof ab.
Er kommt.
Man weiß nicht genau, mit welchem Zug,
aber die Ankunft
ist gemeldet.
Es wäre gut, wenn jemand
dort auf und ab ginge.
Sonst verpassen wir ihn.
Denn er kommt
nur einmal.

Rudolf Otto Wiemer

3. Dezember

Vorfreude

»Bitte, warten Sie hier!« sagte ich zu dem Blinden und ließ ihn an einer verkehrsgeschützten Ecke des Großstadtbahnhofs allein. Ich wollte ihm das Gewühl ersparen auf dem Weg zum Schalter, zur Auskunft, zur Fahrplantafel.

Zurückkehrend sah ich ihn schon von weitem stehen, während die Menschen an ihm vorbeihetzten, ein Kind ihn anstarrte, ein Gepäckkarren einen Bogen um ihn fuhr und ein Zeitungsverkäufer fast scheu wieder von ihm wegging.

Er stand ganz still, der Blinde. Auch ich mußte ein paar Augenblicke stehenbleiben. Ich mußte sein Gesicht anschauen. Die Schritte um ihn her, die unbekannten Stimmen, die Geräusche des lebhaften Verkehrs schienen für ihn keine Bedeutung zu haben. Er wartete.

Es war ein ganz geduldiges, vertrauendes Warten. Es war kein Zweifel auf dem Gesicht, daß ich etwa nicht wiederkommen könnte. Es war ein wunderbarer Schein der Vorfreude darin: er würde bestimmt wieder bei der Hand genommen werden.

Ich wußte auf einmal: So müßte eigentlich das Adventsgesicht der Christen aussehen!

Heinz Schäfer

Bitte im Advent

O Heiland, reiß die Himmel auf,
herab, herab vom Himmel lauf!
Reiß ab vom Himmel Tor und Tür,
reiß ab, wo Schloß und Riegel für!

Wo bleibst du, Trost der ganzen Welt,
darauf sie all ihr Hoffnung stellt?
O komm, ach komm vom höchsten Saal,
komm, tröst uns hier im Jammertal!

O klare Sonn, du schöner Stern,
dich wollten wir anschauen gern;
o Sonn, geh auf, ohn deinen Schein
in Finsternis wir alle sein.

Friedrich von Spee (1591-1635)

Der unerkannte Gast

Es war einmal eine alte Frau, der hatte der liebe Gott versprochen, sie heute zu besuchen. Darauf war sie nun nicht wenig stolz. Sie scheuerte und putzte, buk und tischte auf. Und dann fing sie an, auf den lieben Gott zu warten.

Auf einmal klopfte es an die Tür. Geschwind öffnete die Alte, aber als sie sah, daß draußen nur ein armer Bettler stand, sagte sie: »Nein, in Gottes Namen, geh heute deiner Wege! Ich warte gerade auf den lieben Gott, ich kann dich nicht aufnehmen.« Und damit ließ sie den Bettler gehen und warf die Tür hinter ihm zu. Zwei weitere Bettler, die bei ihr anklopften, schickte sie ebenfalls weg: »Ich warte auf den lieben Gott. Ich kann euch nicht aufnehmen.« Und die Alte fing aufs neue an zu warten.

Die Zeit ging hin, Stunde um Stunde. Es ging schon auf den Abend zu, und immer noch war der liebe Gott nicht zu sehen. Wo mochte er nur geblieben sein?

Zu guter Letzt mußte sie betrübt zu Bett gehen. Bald schlief sie ein. Im Traum erschien ihr der liebe Gott. Er sprach zu ihr: »Dreimal habe ich dich heute aufgesucht, und dreimal hast du mich nicht empfangen.«

Zigeunermärchen

Wo wohnt Gott?

Rabbi M. war zu Gast bei gelehrten Männern. Er überraschte sie mit der Frage: »Wo wohnt Gott?«

Sie lachten über ihn: »Was redet Ihr! Ist doch die Welt seiner Herrlichkeit voll!«

Er aber beantwortete seine eigene Frage: »Gott wohnt, wo man ihn einläßt.«

Martin Buber

7. Dezember

Die Speichen des Rades

»Wie ist es mögich, daß alle Mönche eine Einheit darstellen, trotz ihrer verschiedenen Herkunft, Veranlagung und Bildung?« fragten Besucher eines Klosters den Abt.

Der Abt antwortete mit einem Gleichnis: »Stellt euch ein Rad vor. Es hat Felge, Speichen und Nabe. Die Felge ist die umfassende Mauer, die aber nur äußerlich alles zusammenhält. Von diesem Rand des Rades laufen die Speichen in der Mitte zusammen und werden von der Nabe gehalten. Die Speichen sind wir selbst, jeder einzelne unserer Gemeinschaft. Die Nabe ist Jesus Christus. Aus dieser Mitte leben wir. Sie hält alles zusammen.«

Erstaunt schauten die Besucher sich an. Sie hatten etwas Wichtiges verstanden. Der Abt sagte noch: »Je mehr sich die Speichen der Mitte nähern, um so näher kommen sie selbst zusammen.«

Mittelalterliche Weisheit

Mit Leib und Seele

Es war einmal ein Gaukler, der tanzend von Ort zu Ort zog, bis er des unsteten Lebens müde war. Da trat er in ein Kloster ein. Aber das Leben der Mönche war ihm fremd.

Als er sah, wie jedermann des Gebetes kundig schien und im Chor die Messe sang, stand er beschämt dabei und sprach zu sich: »Was tu ich hier? Ich weiß nicht zu beten und bin der Kutte nicht würdig, in die man mich kleidete.« In seinem Gram flüchtete er in eine abgelegene Kapelle. »Wenn ich schon nicht mitbeten kann, so will ich doch tun, was ich kann.« Rasch streifte er das Mönchsgewand ab und stand da in seinem bunten Röckchen, in dem er als Gaukler herumgezogen war. Und während vom hohen Chor die Psalmengesänge herüberwehten, begann er mit Leib und Seele zu tanzen. Mal ging er auf seinen Händen durch die Kapelle, mal überschlug er sich in der Luft und sprang die kühnsten Sprünge, um Gott zu loben. Er tanzte ununterbrochen, bis es ihm den Atem verschlug und die Glieder ihren Dienst versagten.

Ein Mönch hatte durch ein Fenster die Tanzsprünge mit angesehen und den Abt geholt. Am andern Tag ließ dieser den Bruder zu sich rufen. Der Arme erschrak zutiefst und glaubte, er sollte des verpaßten Gebetes wegen gestraft werden. Er fiel vor dem Abt nieder und sprach: »Ich weiß, Herr, daß hier meines Bleibens nicht ist. So will ich in Geduld die Unrast der Straße wieder ertragen.«

Doch der Abt neigte sich vor ihm, küßte ihn und bat ihn, für ihn und alle Mönche bei Gott einzustehen: »In deinem Tanze hast du Gott mit Leib und Seele gerühmt. Uns aber möge er alle Worte verzeihen, die über die Lippen kommen, ohne daß unser Herz sie sendet.«

Französische Legende

In Gottes Hand

Wir tanzen auf dem Seil der Welt –
doch jeder, der versagt und fällt,
fällt in ein Netz, weit ausgespannt –
fällt tief hinein in Gottes Hand.

Else Rautenberg-Marx

Umkehren!

Ein Mann sitzt im Bummelzug. Bei jeder Station steckt er den Kopf zum Fenster hinaus, liest den Ortsnamen und stöhnt, wenn er sich wieder auf die Bank setzt.

Nach einigen Stationen fragt ihn besorgt sein Gegenüber: »Tut Ihnen etwas weh? Sind Sie krank? Sie stöhnen so sehr.«

Da stöhnt der Mann noch einmal und antwortet: »Eigentlich müßte ich aussteigen. Ich fahre dauernd in die falsche Richtung. Aber es ist so schön warm hier drin.«

Verfasser unbekannt

11. Dezember

Die große Schuld des Menschen

Die große Schuld des Menschen
sind nicht die Sünden, die er begeht
– die Versuchung ist mächtig und seine Kraft
gering –,
die große Schuld des Menschen ist,
daß er in jedem Augenblick die Umkehr tun
kann
und nicht tut.

Martin Buber

Wegsuche

Im Monat Elul, da die Menschen ihre Seelen für die Tage des Gerichts bereitmachen, pflegte Rabbi Chajim Geschichten zu erzählen, mit einer Melodie, die alle Hörer zur Umkehr bewegte.

Einmal erzählte er: »Es hat sich einst einer im tiefen Wald verirrt. Nach einer Zeit verirrte sich ein zweiter und traf auf den ersten. Ohne zu wissen, wie es dem ergangen war, fragte er ihn, auf welchem Weg man hinausgelange. ›Den weiß ich nicht‹, antwortete der erste, ›aber ich kann dir die Wege zeigen, die nur noch tiefer ins Dickicht führen, und dann laß uns gemeinsam nach dem Wege suchen.‹ Gemeinde!« so schloß der Rabbi seine Erzählung, »suchen wir gemeinsam den Weg!«

Martin Buber

13. Dezember

Das verschenkte Licht

Es war eine Frau, die hatte gehört, daß an einem fremden Ort eine heilige Flamme brennt. Sie machte sich auf, um etwas von diesem Licht zu sich nach Hause zu holen. Sie dachte: Wenn du dieses Licht hast, dann hast du Glück und Leben, und alle, die du liebst, werden es auch haben.

Sie begab sich auf den weiten Weg, fand die heilige Flamme, entzündete ihr Licht daran und hatte auf dem Rückweg nur eine Sorge: daß ihr Licht erlöschen könnte.

Unterwegs traf sie einen, der fror und kein Feuer hatte. Der bat sie, ihm von ihrem Feuer zu geben. Die Frau mit dem Licht zögerte. War ihre Flamme nicht zu kostbar, zu heilig für solch eine gewöhnliche Sache? Dann aber gab sie dem im Dunkeln Frierenden von ihrem Licht.

Die Frau setzte ihren Heimweg fort, und als sie beinahe zu Hause war, brach ein Unwetter über sie herein. Sie versuchte, ihr Licht vor Sturm und Regen zu schützen, aber es erlosch.

Den weiten Weg zurück zum Ort der heiligen Flamme würde sie nie mehr schaffen – aber bis zu dem Menschen, dem sie geholfen hatte, reichte ihre Kraft, und an dessen Licht konnte sie das ihre wieder entzünden.

Barbara Hug

Was die Menschen brauchen

Ein König hatte zwei Söhne. Als er alt wurde, wollte er einen der beiden zu seinem Nachfolger bestellen. Er versammelte die Weisen seines Landes und rief seine Söhne herbei.

Er gab jedem der beiden fünf Silberstücke und sagte: »Füllt für dieses Geld die Halle in unserem Schloß bis zum Abend. Womit, das ist eure Sache.«

Der Älteste ging davon und kam an einem Feld vorbei. Dort waren die Arbeiter dabei, das Zuckerrohr zu ernten und in einer Mühle auszupressen. Das ausgepreßte Zuckerrohr lag nutzlos umher. Er dachte sich: »Das ist eine günstige Gelegenheit, mit diesem nutzlosen Zeug die Halle zu füllen.«

Bis zum Nachmittag war es geschafft. Der älteste Sohn ging zu seinem Vater und sagte: »Ich habe deine Aufgabe erfüllt. Auf meinen Bruder brauchst du nicht zu warten. Mach mich zu deinem Nachfolger.« Der Vater antwortete: »Es ist noch nicht Abend. Ich werde warten.«

Bald darauf kam auch der jüngere Sohn. Er bat darum, das Zuckerrohr wieder aus der Halle zu entfernen. Nachdem das geschehen war, stellte er mitten in die Halle eine Kerze und zündete sie an.

Ihr Schein füllte die Halle bis in die letzte Ecke.

Der Vater sagte: »Du sollst mein Nachfolger sein. Du hast nicht einmal ein Silberstück gebraucht und hast sie mit Licht gefüllt. Das ist es, was die Menschen brauchen.«

Von den Philippinen

Dich!

Ein naßkalter und stürmischer Dezembertag. Viele Menschen hasten durch die Straßen. Dazwischen ein kleines Mädchen. Hungrig, frierend, verängstigt, allein, weinend.

Ein Mann, der das sieht, sagt zornig zu Gott: »Wie kannst du das zulassen? Warum tust du nichts dagegen?«

Eine Zeitlang sagt Gott nichts; aber in der darauffolgenden Nacht gibt er doch eine Antwort: »Ich habe etwas dagegen getan: ich habe dich geschaffen.«

Mündlich überliefert

16. Dezember

Die Flüchtlingsfrau:
Ihr redet viel von Jesus Christ.
Und es schneit. Und mich friert. Und es schneit …
Ob euer Herz aus Eisen ist?
Der Mensch tut sich nur selber leid.
Und es schneit. Und mich friert. Und es schneit …

Erich Kästner

17. Dezember

Gesegnetes Fest!

Katalogandacht
Versandhausnachnahmen
Mastgansvorbestellung.
Rauschgoldengel
Marzipankrippen
Zuckergußhalleluja
Ladenkassenklingeln
Geldbeutelopfergottesdienst.
Innungen und Verbände
Umsatz in Prozenten.
Zwanzigpfenniggglückwunsch
Retourkutschen
Geschenkpingpong.
Schlangestehen Stoßgebete
Ellbogentechnik
Zentimetervorstoß
Angstschweiß.
Garnierter Schweinskopf wünscht:
Gesegnetes Fest!

Hellmut Walters

An den Schutzengel meines Kindes

Gib du dem kleinen Träumer das Geleit,
hilf ihm, vor Gott und vor der Welt
bestehen.
Und bleibt dir dann noch etwas freie Zeit,
magst du bei mir auch
nach dem Rechten sehen.

Eine Mutter

Ein Nebenamt

Schafft euch ein Nebenamt, ein unscheinbares, womöglich ein geheimes Nebenamt! Tut die Augen auf und sucht, wo ein Mensch ein bißchen Zeit, ein bißchen Teilnahme, ein bißchen Gesellschaft, ein bißchen Fürsorge braucht.

Vielleicht ist es ein Einsamer, ein Verbitterter, ein Kranker, ein Ungeschickter, dem du etwas sein kannst. Vielleicht ist's ein Greis, vielleicht ein Kind. Wer kann die Verwendungen alle aufzählen, die das kostbare Betriebskapital, Mensch genannt, haben kann! An ihm fehlt es an allen Ecken und Enden.

Darum suche, ob sich nicht eine Anlage für dein Menschentum findet. Laß dich nicht abschrecken, wenn du warten oder experimentieren mußt. Auch auf Enttäuschungen sei gefaßt. Aber laß dir ein Nebenamt, in dem du dich als Mensch an Menschen ausgibst, nicht entgehen. Es ist dir eins bestimmt, wenn du nur richtig willst.

Albert Schweitzer

Verschenktes Glück

Einmal hatte ich eine Zeitlang in China gelebt. Ich war im Frühjahr in Shanghai angekommen und konnte und konnte mich nicht eingewöhnen. Am Heiligen Abend, ich saß wieder einmal verheult in meinem Zimmer, überreichte mir der Koch ein Geschenk.

Es war eine chinesische Kupfermünze mit einem Loch in der Mitte, und durch das Loch waren viele bunte Wollfäden gezogen und dann zu einem Zopf zusammengeflochten. »Eine sehr alte Münze«, sagte der Koch feierlich. »Und die Wollfäden sind von mir und meiner Frau, von Zimmer-Kuli und seiner Schwester, von Ofen-Kuli und seinen Eltern und Brüdern.« Ich bedankte mich sehr.

Als ich die Münze mit ihrem bunten Wollzopf einem Bekannten zeigte, der schon lange in China lebte, erklärte er mir ihre Bedeutung: Jeder Wollfaden war eine Stunde des Glücks.

Der Koch war zu seinen Freunden gegangen und hatte sie gefragt: »Willst du von dem Glück, das dir für dein Leben bestimmt ist, eine Stunde abtreten?« Und alle hatten für mich, die fremde Europäerin, einen Wollfaden gegeben. Es war ein großes Opfer, das sie brachten, denn es lag nicht in ihrer Macht, zu bestimmen, welche Glücksstunde es sein würde.

Von diesem Tag an habe ich mich in China zu Hause gefühlt.

Joe Lederer (gekürzt)

Das Weihnachtsgeschenk

Ein vielbeschäftigtes Ehepaar hastet kurz vor Weihnachten in ein Spielwarengeschäft, um für die kleine Tochter ein Geschenk zu kaufen. Sie sind bereit, viel Geld dafür auszugeben, und erklären der Verkäuferin: »Wir sind den ganzen Tag beruflich von zu Hause weg. Wir suchen etwas, was die Kleine erfreut, sie lange beschäftigt und ihr das Gefühl des Alleinseins nimmt.«

»Tut mir leid«, sagt die Verkäuferin und lächelt freundlich, »Eltern gibt es bei uns nicht zu kaufen.«

Verfasser unbekannt

22. Dezember

Raum in der Herberge

Es versammelte sich, wie gewohnt, die große Zuhörerschaft zu der alljährlichen Aufführung der Weihnachtsgeschichte mit Hirtenstäben und Krippe, Bärten, Kronen, Heiligenscheinen und einer ganzen Bühne voll heller Kinderstimmen.

Es kam der Augenblick, wo Joseph auftrat und Maria behutsam vor die Herberge führte. Er pochte laut an die Holztür, die man in die gemalte Kulisse eingesetzt hatte. Walter, als Wirt, stand dahinter und wartete. »Was wollt ihr?« fragte er barsch und stieß die Tür heftig auf.

»Wir suchen Unterkunft.« »Sucht sie anderswo!« Walter blickte starr geradeaus, sprach aber mit kräftiger Stimme. »Die Herberge ist voll!« »Wir haben überall vergeblich gefragt. Wir kommen von weit her und sind sehr erschöpft.« »In dieser Herberge gibt es keinen Platz für euch!« Walter blickte streng. »Bitte, lieber Wirt, das hier ist meine Frau Maria. Sie ist schwanger und braucht einen Platz zum Ausruhen. Ihr habt doch sicher ein Eckchen für sie. Sie ist so müde.« Jetzt lockerte der kleine Wirt zum erstenmal seine starre Haltung und schaute auf Maria. Dann folgte eine lange Pause, so lange, daß es für die Zuhörer schon ein bißchen peinlich wurde. »Nein! Schert euch fort!« flüsterte der Souffleur aus der Kulisse. »Nein!« wiederholte Walter automatisch. »Schert euch fort!«

Traurig legte Joseph den Arm um Maria, und Maria lehnte den Kopf an die Schulter ihres Mannes. So wollten sie ihren Weg fortsetzen. Aber der Wirt ging nicht wieder in seine Herberge zurück. Walter blieb auf der Schwelle stehen und blickte dem verlassenen Paar nach – mit offenem Mund, die Stirn sorgenvoll gefurcht, und man sah deutlich, daß ihm Tränen in die Augen traten.

Und plötzlich wurde dieses Krippenspiel anders als alle bisherigen. »Bleib hier, Joseph!« rief Walter. »Bring Maria wieder her!« Sein Gesicht verzog sich zu einem breiten Lächeln. »Ihr könnt mein Zimmer haben!«

Lina Donohue

Heilige Nacht

Der Mensch war Gottes Bild.
Weil dieses Bild verloren,
wird Gott, ein Menschenbild,
in dieser Nacht geboren.

Andreas Gryphius

Das Kind in der Krippe

Es begab sich aber zu der Zeit, daß ein Gebot von dem Kaiser Augustus ausging, daß alle Welt geschätzt würde. Und diese Schätzung war die allererste und geschah zur Zeit, da Quirinius Statthalter in Syrien war.

Und jedermann ging, daß er sich schätzen ließe, ein jeder in seine Stadt.

Da machte sich auf auch Josef aus Galiläa, aus der Stadt Nazareth, in das jüdische Land zur Stadt Davids, die da heißt Bethlehem, weil er aus dem Hause und Geschlechte Davids war, damit er sich schätzen ließe mit Maria, seinem vertrauten Weibe, die war schwanger. Und als sie dort waren, kam die Zeit, daß sie gebären sollte. Und sie gebar ihren ersten Sohn und wickelte ihn in Windeln und legte ihn in eine Krippe; denn sie hatten sonst keinen Raum in der Herberge.

Lukas 2, 1-7, Übersetzung von Martin Luther

25. Dezember

Die Engel bei den Hirten

Und es waren Hirten in derselben Gegend auf dem Felde bei den Hürden, die hüteten des Nachts ihre Herde. Und der Engel des Herrn trat zu ihnen, und die Klarheit des Herrn leuchtete um sie, und sie fürchteten sich sehr. Und der Engel sprach zu ihnen: »Fürchtet euch nicht! Siehe, ich verkündige euch große Freude, die allem Volk widerfahren wird, denn euch ist heute der Heiland geboren, welcher ist Christus, der Herr, in der Stadt Davids. Und das habt zum Zeichen: ihr werdet finden das Kind in Windeln gewickelt und in einer Krippe liegen.«

Und alsbald war da bei dem Engel die Menge der himmlischen Heerscharen, die lobten Gott und sprachen: »Ehre sei Gott in der Höhe und Friede auf Erden bei den Menschen seines Wohlgefallens.«

Und als die Engel von ihnen gen Himmel fuhren, sprachen die Hirten untereinander: »Laßt uns nun gehen nach Bethlehem und die Geschichte sehen, die da geschehen ist, die uns der Herr kundgetan hat.«

Und sie kamen eilend und fanden beide, Maria und Josef, dazu das Kind in der Krippe liegen. Als sie es aber gesehen hatten, breiteten sie das Wort aus, das zu ihnen von diesem Kind gesagt war.

Lukas 2, 8-17, Übersetzung von Martin Luther

Nachrichtenübermittlung

Daß ein Kind geboren wird, ist nichts Besonderes,
daß einfache Menschen
sich durch übernatürliche Erscheinungen
erschrecken lassen, passiert auch heute,
daß Himmelskörper mit ihrem Licht
die Köpfe der Menschen verwirren,
daß man sie sogar festhalten kann
auf einem hochempfindlichen Film,
liest man fast täglich,
daß Könige sich von der Macht locken lassen,
geschieht immer.

Das Besondere ist:
daß die Menschen, vor die damals die Neuigkeit kam,
die Hirten im Gebirge, die Wirte in den Gasthäusern,
die römischen Kriegsleute, die Diener der Könige
sich nicht nur verwunderten
und das Wort dann vergaßen
in der Betriebsamkeit der täglichen Geschäfte,
sondern die Nachricht weitersagten,

ohne drahtlosen Funk von Kontinent zu Kontinent,
sondern ganz einfach von Mund zu Mund,
so daß die Botschaft
wirklich seit zweitausend Jahren
mehr als einmal wie ein Lauffeuer
um den Erdball gelangt ist,
auch zu mir, mit ihrer verwandelnden Kraft.

Barbara Cratzius

Buch des Lebens

Haß, als minus und vergebens,
wird vom Leben abgeschrieben.
Positiv im Buch des Lebens
steht verzeichnet nur das Lieben.
Ob ein Minus oder Plus
uns verblieben, zeigt der Schluß.

Wilhelm Busch

Sicherheit

Ich sagte zu dem Engel, der an der Pforte des Jahres stand: »Gib mir ein Licht, damit ich sicheren Fußes der Ungewißheit entgegengehen kann!«

Der Engel antwortete: »Geh nur in die Dunkelheit und lege deine Hand in die Hand Gottes; das ist besser als ein Licht und sicherer als ein bekannter Weg.«

Verfasser unbekannt

29. Dezember

Bleib du uns gnädig zugewandt

Der du die Zeit in Händen hast,
Herr, nimm auch dieses Jahres Last
und wandle sie in Segen.
Nun von dir selbst in Jesu Christ
die Mitte fest gewiesen ist,
führ uns dem Ziel entgegen.

Da alles, was der Mensch beginnt,
vor seinen Augen noch zerrinnt,
sei du selbst der Vollender!
Die Jahre, die du uns geschenkt,
wenn deine Güte uns nicht lenkt,
veralten wie Gewänder.

Der du allein der Ewige heißt
und Anfang, Ziel und Mitte weißt
im Fluge unserer Zeiten:
bleib du uns gnädig zugewandt
und führe uns an deiner Hand,
damit wir sicher schreiten!

Jochen Klepper

Abendgebet

Bleibe bei uns, Herr,
denn es will Abend werden,
und der Tag hat sich geneigt.

Bleibe bei uns und allen Menschen.
Bleibe bei uns am Abend des Tages,
am Abend des Lebens, am Abend der Welt.

Bleibe bei uns mit deiner Gnade und Güte,
mit deinem Wort und Sakrament,
mit deinem Trost und Segen.

Bleibe bei uns, wenn über uns kommt
die Nacht der Trübsal und Angst,
die Nacht des Zweifels und der Anfechtung,
die Nacht des bitteren Todes.

Bleibe bei uns in Zeit und Ewigkeit.

Aus dem Mittelalter

Quellennachweis

Vorbemerkung: Die hier vorgelegte Sammlung beruht auf der Arbeit der Herausgeber, die viele Jahre zurückreicht. Trotz intensiven Nachforschens war es nicht in allen Fällen möglich, die genaue Quelle bzw. die Rechte-Inhaber ausfindig zu machen. Das nachfolgende Verzeichnis ist also nicht lückenlos. Für Hinweise sind wir dankbar. Den Autorinnen, Autoren und Verlagen, die bei der Suche nach den Quellen wertvolle Hilfe leisteten, sei an dieser Stelle für die freundlicherweise erteilte Abdruckerlaubnis gedankt.

Metropolit Anthony
7. 8. aus: Lebendiges Beten, Verlag Herder, Freiburg 1978
Attar
4. 1. aus: GESCHENK DER STILLE – Juwelen persischer Weisheit; © by Scherz Verlag, Bern und München
Rose Ausländer
11. 5. aus: dies., Im Aschenregen die Spur deines Namens. Gedichte und Prosa 1976. © S. Fischer Verlag GmbH, Frankfurt am Main 1984
Ingrid Bachér
28. 3. aus: Das achte Weltwunder. Fünftes Jahrbuch der Kinderliteratur. Hrsg. von Hans-Joachim Gelberg. Beltz Verlag, Weinheim und Basel 1979. Programm Beltz & Gelberg, Weinheim.
Peter Bamm
21. 3. aus: ders., Die unsichtbare Flagge. Kösel-Verlag, München, 12. Auflage 1982
Kurt Bartsch
5. 11. aus: K. B., zugluft. gedichte. sprüche. parodien, mit freundlicher Genehmigung des Autors
Peter Bichsel
3. 9. aus: ders., »Kindergeschichten«, © 1969 by Luchterhand Literaturverlag Hamburg und Zürich

Peter Bloch
14. 7.: mit freundlicher Genehmigung des Autors
Christine Böhm
6. 7.: mit freundlicher Genehmigung der Autorin
Hinni Böttcher
5. 6., 26. 9., 7. 11. aus: dies., HINNI-LIEBE. Ein Lesebuch. Veröffentlicht als Creativgarage – Weiße Reihe TB 1, 1988, ISBN 3-9801737-0-4
Rudolf Bohren
6. 11. aus: D. Sölle, W. Fietkau, A. Juhre, K. Marti (Hg.), Almanach für Literatur u. Theologie, Band 3, Peter Hammer Verlag, Wuppertal 1969
Wolfgang Borchert
25. 2., 26. 2. aus: ders., DAS GESAMTWERK, Copyright © 1949 by Rowohlt Verlag, Hamburg
Phil Bosmans
7. 4., 2. 6. aus: ders., Liebe wirkt täglich Wunder, Verlag Herder, Freiburg i. Br., 12. Aufl. 1991
Bertolt Brecht
8. 10. aus: Band IV; 25. 6. aus: Band V; 12. 3., 4. 5., 25. 5., 10. 7., 2. 8., 7. 10. aus: Band 9; 3. 1., 19. 2., 13. 5., 23. 7., 27. 8., 11. 10. aus: Band 12, ders., Gesammelte Werke, © Suhrkamp Verlag, Frankfurt am Main 1967
Christine Brückner
18. 2., 16. 4., 5. 7., 25. 10. aus: »Nirgendwo ist Poenichen«, Verlag Ullstein, Berlin
Martin Buber
24. 7., 2. 9., 9. 9., 7. 12., 13. 12. aus: »Die Erzählungen der Chassidim«, Manesse Verlag, Zürich 1949
Dom Helder Camara
19. 6. aus: ders., Hoffen wider alle Hoffnung, pendo-verlag, zürich 1981
Barbara Cratzius
15. 4., 27. 12.: mit freundlicher Genehmigung der Autorin
Hilde Domin
7. 7. aus: dies., Gesammelte Gedichte. © S. Fischer Verlag GmbH, Frankfurt am Main 1987

Lina Donohue
23. 12.: mit freundlicher Genehmigung des Sonnenweg-Verlages, Konstanz
Dschuang Dsi
12. 8. aus: ebd., übertragen von Richard Wilhelm, DG 19; erschienen im Eugen Diederichs Verlag, München
Michael Ende
11. 1. aus: ders., Momo, © by K. Thienemanns Verlag, Stuttgart–Wien
Karlhans Frank
27. 1. aus: Das achte Weltwunder. Fünftes Jahrbuch der Kinderliteratur. Hrsg. von Hans-Joachim Gelberg. Beltz Verlag, Weinheim und Basel 1979, Programm Beltz & Gelberg, Weinheim
Viktor E. Frankl
16. 11. aus: ders., Psychotherapie für den Alltag, Verlag Herder, Herder Spektrum, Bd. 4072, Freiburg i. Br., 1992
Erich Fried
27. 2. aus: ders., Lebensschatten, Verlag Klaus Wagenbach, Berlin 1981
Max Frisch
28. 2. aus: ders., Tagebuch 1946–1949. © Suhrkamp Verlag, Frankfurt am Main 1950
Kahlil Gibran
16. 9. aus: ders., Der Prophet, Walter Verlag, Olten
21. 7., 6. 9., 21. 10. aus: ders., Der Narr, Walter Verlag, Olten
Helmut Glatz
14. 8. aus: Das achte Weltwunder. Fünftes Jahrbuch der Kinderliteratur. Hrsg. von Hans-Joachim Gelberg. Beltz Verlag, Weinheim und Basel 1979. Programm Beltz & Gelberg, Weinheim
Johnson Gnanabaranam
3. 8. aus: ders., Heute mein Jesus, Verlag der Ev.-Luth. Mission Erlangen
Emanuel bin Gorion
17. 6. aus: ders., Born Judas. © Insel Verlag Frankfurt am Main 1959
Manfred Hausmann
20. 6., 14. 10. aus: »Martin, Isabel, Andreas« von Manfred Hausmann, © 1973 C. Bertelsmann Verlag GmbH, München

Ernest Hemingway
19. 4. aus: ders., 49 Stories, deutsch: Annemarie Horschitz-Horst, Copyright © 1950 by Rowohlt Verlag, Hamburg
Doris Henninger
18. 11. mit freundlicher Genehmigung der Autorin
Franz Hohler
27. 7., aus: ders., Der Wunsch, in einem Hühnerhof zu leben, © by Luchterhand Literaturverlag Hamburg und Zürich
Papst Johannes XXIII
10. 1. aus: ders., Geistliches Tagebuch, 2. Aufl. 1969, Verlag Herder, Freiburg
Erich Kästner
17. 12. aus: Gesammelte Schriften für Erwachsene, Atrium Verlag, Zürich 1969. © Copyright by Erich Kästner Erben, München
Marie Luise Kaschnitz
28. 1., 21. 2. aus: dies., Gesammelte Werke, Band 3, © Insel Verlag, Frankfurt am Main 1982
Jochen Klepper
30. 12. Neujahrslied aus: ders., Ziel der Zeit, Vers 1, 2 u. 7, Luther Verlag, Bielefeld
Hazrat Inayat Khan
16. 10. aus: ders., Vom Glück der Harmonie, Herderbücherei Band 724, Freiburg i. Br. 1985
Peter Knipprath
4. 11. aus: »image«-Pfarrbriefmaterial, Bergmoser + Höller Verlag GmbH, 5100 Aachen
Gisbert Kranz
26. 10.: mit freundlicher Genehmigung des Autors
James Krüss
9. 7. aus: Wie man Berge versetzt. Sechstes Jahrbuch der Kinderliteratur. Hrsg. von Hans-Joachim Gelberg. Beltz Verlag, Weinheim und Basel 1981. Programm Beltz & Gelberg, Weinheim
Elisabeth Kübler-Ross
9. 11. aus: Derek Gill, Elisabeth Kübler-Ross. Wie sie wurde, wer sie ist. Kreuz Verlag, Stuttgart 1981

Reiner Kunze
2. 4. aus: ders., SENSIBLE WEGE, dnb 80, Copyright © by Rowohlt Taschenbuch Verlag GmbH, Reinbek; 26. 8. aus: ders., Die wunderbaren Jahre, © S. Fischer Verlag GmbH, Frankfurt am Main 1976
Salcia Landmann
22. 2., 26. 3. aus: dies., Der Jüdische Witz, Walter Verlag, Olten
Laotse
7. 2., 3. 4., 12. 7. aus: »Laotse Tao Te King«, übersetzt von Richard Wilhelm, DG 19; erschienen im Eugen Diederichs Verlag, München
Joe Lederer
21. 12. aus: ders., »Von der Freundlichkeit der Menschen« – In Shanghai – © F. A. Herbig Verlagsbuchhandlung GmbH, München
Heinrich Lersch
10. 6. aus: ders., Hammerschläge, erschienen im Eugen Diederichs Verlag, München
Wladimir Lindenberg
29. 4. aus: ders., Jenseits der Fünfzig, Ernst Reinhardt Verlag, München/ Basel (69. Tsd.)
23. 1. aus: ders., Die Menschheit betet, Ernst Reinhardt Verlag, München/Basel (39. Tsd.)
Fabian Lith
31. 3.: © GAYDA PRESS, Günzburg
Manfred Mai
26. 7. aus: Das achte Weltwunder. Fünftes Jahrbuch der Kinderliteratur. Hrsg. von Hans-Joachim Gelberg. Beltz Verlag, Weinheim und Basel 1979. Programm Beltz & Gelberg, Weinheim
Hans Manz
6. 4. aus: Das achte Weltwunder. Fünftes Jahrbuch der Kinderliteratur. Hrsg. von Hans-Joachim Gelberg. Beltz Verlag, Weinheim und Basel 1979. Programm Beltz & Gelberg, Weinheim
Kurt Marti
17. 11., 30. 11. aus: ders., leichenreden, © by Luchterhand Literaturverlag Hamburg und Wien
7. 1., 20. 2., 13. 4.: Mit freundlicher Genehmigung des Radius-Verlags

Stuttgart, entnommen aus: ders., geduld und revolte, die gedichte am rand. © Copyright Radius-Verlag, Stuttgart 1984

Zenta Maurina

11. 6. aus: Geliebtes Leben – Gelebtes Leben, © Maximilian Dietrich Verlag, Memmingen

Lene Mayer-Skumanz

2. 12. aus: dies., Das Kindernest, Verlag Herder, Wien

Anthony de Mello

18. 1., 19. 5., 7. 6., 5. 8. aus: ders., Warum der Vogel singt, Verlag Herder, Freiburg i. Br., 1991, erscheint Januar 1993 in der Reihe Herder Spektrum, Bd. 4149

Fritz Pawelzik

1. 6. aus: ders., Ich werfe meine Freude an den Himmel, R. BROCKHAUS VERLAG WUPPERTAL UND ZÜRICH

Miguel, Angel Pernández

16. 3. aus: Stefan Baciu, Kurt Marti (Hg.), Der du bist im Exil, Peter Hammer Verlag, Wuppertal 1969

Sigismund v. Radecki

19. 3. mit freundlicher Genehmigung von Frau Ruth Weilandt-Matthaeus, Gladbeck

Josef Reding

3. 3. mit freundlicher Genehmigung des Autors

Gregor von Rezzori

9. 10. aus: ders., MAGHREBINISCHE GESCHICHTEN, Copyright © 1974 by Rowohlt Verlag GmbH, Reinbek

Rainer Maria Rilke

11. 11. aus; ders., Sämtliche Werke, © Insel Verlag, Frankfurt am Main 1966

Luise Rinser

8. 11. aus: dies., »Mitte des Lebens«. © 1950 by S. Fischer Verlag GmbH, Frankfurt am Main

Eugen Roth

22. 7. aus: ders., Sämtliche Werke, © 1977 Carl Hanser Verlag, München

Gina Ruck-Pauquét

3. 11.: mit freundlicher Genehmigung der Autorin

Antoine de Saint-Exupéry
16. 1., 9. 2., 30. 7. aus: ders., Romane und Dokumente; Karl Rauch Verlag, Düsseldorf
13. 1., 5. 5., 10. 5., 24. 5., 8. 7. aus: ders., Der Kleine Prinz, Karl Rauch Verlag, Düsseldorf
Heinz Schäfer
4. 12. aus: ders. (Hrsg.), Hört ein Gleichnis, Christliches Verlagshaus, Stuttgart [7]1991
Erich Scheurmann
15. 1. aus: ders., »Der Papalagi«. Die Reden des Südsee-Häuptlings Tuiavii aus Tiavea. Erschienen im Tanner und Staehlin Verlag, CH-8034 Zürich. Erhältlich im Buchhandel
Ernst Schnydrig
24. 3. aus: ders., SO GUTE AUGEN FÜR ZACHÄUS, © 1977 by Verlag Josef Knecht
Maria Schöppl
5. 2. aus: Zum Geburtstag, Sonnenweg-Verlag, Konstanz
Albert Schweitzer
11. 8. aus: ders., Aus meiner Kindheit und Jugendzeit, Verlag C. H. Beck München; 20. 12. mit freundlicher Genehmigung des Verlages C. H. Beck München
Ina Seidel
26. 6. aus: dies., Gedichte 1905–1955, Deutsche Verlags-Anstalt, Stuttgart
Alexander Solschenizyn
1. 4. aus: ders., Im Interesse der Sache, © by Luchterhand Literaturverlag Hamburg und Zürich
Peter Spangenberg
26. 5. aus: ders., »Der Stein der tanzenden Fische« (GTB Siebenstern 205). Gütersloher Verlagshaus Gerd Mohn. Gütersloh, 5. Auflage
Team Ökumenischer Kreuzweg der Jugend
27. 11. aus: Seht den Menschen, Aussaat Verlag, Neukirchen-Vluyn 1979
Mutter Teresa
27. 3. aus: dies., Worte der Liebe, Verlag Herder, Freiburg 1982

Pierre Teilhard de Chardin
12. 6. aus: Georges Magloire/Hubert Cuypers, Leben und Denken Pierre Teilhard de Chardins, Roven Verlag GmbH, Olten
Tschuang-Tse
25. 4., 26. 4., 22. 6., 24. 6. aus: Reden und Gleichnisse, it 205, Hg. M. Buber, © Insel Verlag, Frankfurt am Main 1976
10. 8. aus: ders., Reden und Gleichnisse, Manesse Verlag, Zürich 1951
Christel Voß-Goldstein
19. 9. aus: dies. (Hrsg.), Abel, wo ist deine Schwester? Frauenfragen. Frauengebete, Patmos Verlag, Düsseldorf, 3. Auflage 1991
Christian Wagner
15. 7. aus: ders., Gedichte, Konrad Theiss Verlag, Stuttgart
Leo Wallner
20. 7. aus: Gedanken zum Nachdenken von Leo Wallner, © Verlagsanstalt Tyrolia, Innsbruck
Hellmut Walters
18. 12. aus: Gott im Gedicht, hrsg. von Detlev Block, Evang. Verlag H. Reich, Hamburg
Paul Watzlawick
16. 8. aus: ders., Anleitung zum Unglücklichsein, © R. Piper & Co. Verlag, München 1983
Simone Weil
5. 3. mit freundlicher Genehmigung des Kösel-Verlages, München
Irmela Wendt
5. 9. mit freundlicher Genehmigung der Autorin aus: Das achte Weltwunder. Fünftes Jahrbuch der Kinderliteratur, Beltz Verlag, Weinheim und Basel 1979
11. 4., 17. 4., 30. 5., 13. 6., 25. 9., 30. 9., 3. 12., aus: ders., Ernstfall, 3. Auflage 1989, J. F. Steinkopf Verlag, Stuttgart
29. 9. aus: ders., »Bethlehem ist überall« (GTB Siebenstern 321). Gütersloher Verlagshaus Gerd Mohn. Gütersloh, 6. Auflage 1989
23. 11. aus: ders., »Wortwechsel«, © Wolfgang Fietkau Verlag, Berlin
29. 2., 25. 11.: mit freundlicher Genehmigung des Autors
4. 9. aus: ders., Chance der Bärenraupe. Verlag F. H. Kerle, Heidelberg 1980.

Elie Wiesel
16. 2. aus: ders., Was die Tore des Himmels öffnet, Verlag Herder, Freiburg i. Br., 3. Auflage 1987
16. 7. aus: ders., Chassidische Feier, Wien 1974, © Verlag Herder, Freiburg
Ursula Wölfel
21. 9. aus: dies., 28 LACHGESCHICHTEN, 14. 6. aus: dies., JOSCHIS GARTEN, © by K. Thienemanns Verlag, Stuttgart–Wien
Richard Wolf
15. 2., 5. 4., 14. 4., 23. 10., 30. 10. mit freundlicher Genehmigung des Autors
Lothar Zenetti
10. 3., 12. 4., 3. 6., 1. 10. aus: Texte der Zuversicht, © Verlag J. Pfeiffer, München

5. 10. »Ein Brot«, aus: »image«-Pfarrbriefmaterial, Bergmoser + Höller Verlag GmbH, 5100 Aachen

Für jeden Tag ein gutes Wort.

Für jeden Tag ein gutes Wort, das ermutigt, tröstet, nachdenklich stimmt, Freude oder Dank, Gelassenheit oder Ermunterung spendet. Für jeden Tag ein wenig Freiraum für eigene Gedanken und Eintragungen. Für jeden Monat eine Grafik, die den Blick schärft für die Schönheit der Schöpfung in Blüten, Bäumen, Gräsern …
Gelingendes Leben braucht solche Wurzeln in Wort und Bild, in der Ruhe der Schöpfung und der Ordnung gegliederter Zeit. Das alles vermittelt dieses Buch mit dreizehn Grafiken von Hans Hug, mit Worten aus der Bibel und von christlichen Denkern und Dichtern.